원문과 함께 보는

故事의 世界

金信中 · 申海鎭 · 金大鉉 編著

도서출판 박이정

책머리에

 그 동안 서양의 기술문명을 비롯해 그들의 합리적 사고와 기준을 닮아가고자 철저히 따랐지만, 우리는 세계문명사의 중핵권에 진입하지 못하고 늘 그 주변부에만 머무르고 있다. 이렇게 된 근본적인 원인은 세계화의 대열에 참가함에 있어 한국적 나름의 눈과 생각을 망각한 유형무실(有形無實)의 자세에 기인한다. 그렇다면 우리는 이제 더 이상 남의 장단에만 춤추지 말고 우리 나름의 의식과 역사관을 새로이 갖추어야 할 것이다.
 한국적 나름의 눈과 생각에 대한 정립은 물론 다른 것에서도 찾을 수 있겠지만 무엇보다도 우리의 언어에 대한 올바른 이해에서 찾아야 할 것이다. 우리 나라는 유구한 역사 동안 동아시아의 보편 문어였던 한자문화권에 속했기 때문에, 예나 지금이나 한자어로 된 어휘가 상당히 많음은 주지의 사실이다. 따라서 알게 모르게 한자는 우리의 일상뿐만 아니라 정신에까지 깊숙이 스며들어 있다.
 물론 오늘을 사는 젊은 세대들은 한글 쓰기를 확충해야 할 것임은 분명하다. 그렇지만 과거로부터 내려온 문화유산에 대해 배타적인 자세를 가지는 것을 당연한 것으로 생각해서는 아니 된다. 우리의 전통적 문화유산을 고리타분한 것으로 치부해버리면 우리 스스로가 유복아임을 자처하는 것이 되고 말아 자기정체성을 상실할 것이기 때문이다. 오늘날과 같은 한글문화시대에 적합하게 창조적 계승을 하기 위해서도 오히려 그 근본을 적극적으로 이해할 필요가 있다. 이를 위해서, 우리 편저자들은 일상 생활에 널리 쓰이고 있는 고사성어를 주목했다.
 고사성어에는 그 용어가 나오게 된 역사적 배경이나 사상적 연원이 있고, 게다가 그것의 대부분은 풍자적이고 우의적이기 때문에, 우리는 짤막한 한마디의 고사성어 속에서 과거 선인들이 지녔던 인생의 지혜와 처세의 교훈을 배울 수 있다. 특히 급속한 변화의 시대가 될 것이 분명해서 더욱 각박한 시대가 될 여지가 많은 21세기를 더불어 사는 따뜻한 세상으로 만들기 위해서도 우리 것을 비롯한 동양적인 것에 대한 관심이 제고되어야 한다.
 오늘날 대학의 현실은 어떠한가. 대학이 진리를 탐구하는 학문의 장이라는 말은 이미 식상한 말로 치부되고 있다. 단지 기능적 지식을 전수하는 장으로 전락하고 있다. 그렇다고 해서 대학 본연의 사명은 변할 수 없는 것이고 또한 외면할 수 없는 것이 아닌가. 특히 새 천년이 시작되는 오늘날에 있어 그 사명은 어느 시기와도 견줄 수 없을 만큼 크다고 하겠다. 다행히도 오늘날 대학생들은 세계화에 걸맞은 다양한 능력을 갖추고자 노력하는 한편, 우리 것에 대한 관심도 '비교적' 높다.

그래서 우리 편저자들은 기존의 고사성어에 관련된 서적들이 고사성어가 나오게 된 역사적 배경이나 사상적 연원을 원문없이 적당히 윤문하는 것을 지양하고 원문을 밝힘으로써, 고사성어에 대한 정확한 이해 및 그것과 관련된 한자를 익힐 수 있도록 했다. 또한 원문도 구두를 달아 놓음으로써 한문 구조를 나름대로 파악할 수 있도록 배려했다. 그리고 유사어와 상대어 및 참고어 등을 아울러 찾아 놓아 어휘력 배양도 고려했다. 일반인과 대학입시 수험생들을 위해서 역문도 함께 달아두어 적절히 활용할 수 있도록 했다. 심화이해를 통해서는 고사성어의 배경이나 그것에 담겨진 사상에 대한 보다 깊이 있는 이해를 도모했다. 특히 고사성어를 단순히 아는 것에서 그치지 않고 실용성과 활용성을 더욱 높이기 위해 그것과 관련된 속담과 용례도 밝혀두었다.

이처럼, 이 책에 대해 편저자 나름의 최선을 다하고자 했다. 이러한 노력이 있었다 하더라도 기존의 성과물이 없었다면 이 책의 간행은 불가능했을 것이다. 이 자리를 빌려 그분들께 감사의 말씀을 드리면서 참고한 문헌은 간략하게 이 책의 뒷부분에 적시해두었다. 그러나 이 책에 있어서 미진한 면이나 오류가 있다면, 그것은 전적으로 편저자들이 비판받아야 할 몫이다. 제현(諸賢)께서 애정어린 질정(叱正)을 해주시면 다음 기회에 보충하도록 하겠다.

끝으로 어려운 출판 사정 속에서도 기꺼운 마음으로 이 책을 출간해 준 박이정출판사 박찬익 사장님, 노고를 아끼지 않은 편집부 김상수 선생에게 감사의 뜻을 전한다.

2000년 1월
빛고을 용봉골에서
편저자 謹識

이 책은 다음과 같은 요령으로 엮었다.

1. 이 책은 고사성어의 표제를 먼저 밝히고, 각 글자에 대한 훈과 음을 달아, 초
   보자들이 사전을 찾지 않고도 이해하도록 했다.

2. 뜻풀이는 일차적인 의미를 먼저 밝히고, 확대된 의미를 나중에 밝혔다. 또한
   표제어의 유사어와 상대어 및 관련된 참고어를 가나다순으로 아울러 병기해
   두었다.

3. 유래의 원문표기는 편저자가 띄어쓰기를 하고 구두(句讀)를 달되, 그 구두에
   는 쉼표(,), 마침표(.), 느낌표(!), 의문표(?), 홑따옴표(' '), 겹따옴표(" "), 가운데
   점(·)을 사용했다.

4. 유래의 원문에 대한 역문에 있어서 한자어나 고유명사 등은 괄호 속에 가급
   적 한자를 병기했다. 역문은 직역을 원칙으로 하되, 필요한 경우에는 원전의
   뜻을 해치지 않는 범위 내에서 호흡을 간결히 하고, 더러는 의역을 통해 자연
   스럽게 풀고자 했다.

5. 유래의 출전은 원문 하단에 표기하여, 출전의 내용을 좀 더 확인하고자 하는
   독자에게 편의를 제공했다.

6. 주석은 꼭 필요하다고 생각되는 것을 역문에 번호를 붙이고 하단에 각주함을
   원칙으로 했다.

7. 표제어와 관련된 속담과 용례는 일상생활에서 쓰이는 것을 찾고자 노력했다.

8. 이 책에 사용한 주요 부호는 다음과 같다.
   1) ( ) : 同音同義 한자를 표기함.
   2) " " : 직접적인 대화나 詔書의 내용을 나타냄.
   3) ' ' : 간단한 인용이나 재인용, 또는 강조나 간접화법을 나타냄.
   4) 『 』 : 작품집, 단행본 등을 나타냄.
   5) < > : 편명, 작품명 등을 나타냄.

차 례

街談巷語(가담항어)

· 街: 거리 가 · 談: 말씀 담 · 巷: 거리 항 · 語: 말씀 어

● 뜻풀이
거리나 항간에 떠도는 뜬소문을 일컫는 말.

● 유사어
街談巷說(가담항설), 街談巷議(가담항의), 道聽塗說(도청도설)
流言蜚語(유언비어), 風聞(풍문), 風說(풍설)

● 참고어
口耳之學(구이지학)

● 유 래
　小說家者流, 蓋出於稗官, 街談巷語・道聽塗說之所造也. 孔子曰: "雖
小道, 必有可觀者焉, 致遠恐泥, 是以君子弗爲也."

[漢書, 藝文志, 諸子略]

　소설가들은 대개 패관에서 나오는데, 가담항어나 도청도설로 만드는 것
이다. 이에 대해 공자가 말했다. "비록 사소한 기술이라 하더라도 반드시
볼만한 것이 있으나 원대한 뜻을 이루는 데에 막힐까 두려워 군자는 하지
않는다."

● 심화이해
　이 글은 재도(載道)의 문학관에 입각하여 문학의 윤리적 기능을 강조한
말이다. 조선조 유학자들이 소설에 대해 부정적인 견해를 갖게 만든 근거
이기도 하다. 유래에 공자의 말인 것처럼 되어 있는 말은 『논어(論語)』의
<자장편(子張篇)>을 참조하면 실은 공자의 말이 아니라 공자의 제자인 자
하(子夏)의 말이다.

● 용 례
　옛날 사람들은 소설을 오늘날의 관점과는 달리 일종의 가담항어 내지 도
청도설로 보기도 했다.

佳人薄命(가인박명)

·佳: 아름다울 가   ·人: 사람 인   ·薄: 엷을 박   ·命: 운명 명

• 뜻풀이
여자가 용모와 재주는 빼어나면서도 운명이 기박할 때 쓰는 말.

• 유사어
美人薄命(미인박명), 紅顔薄命(홍안박명)

• 참고어
才子多病(재자다병)

• 유 래

雙頰凝酥髮抹漆	眼光入簾珠的皪
故將白練作仙衣	不許紅膏汚天質
吳音嬌軟帶兒癡	無限閒愁總未知
自古佳人多命薄	閉門春盡楊花落

〔蘇軾, 蘇東坡詩集 卷九, 薄命佳人〕

두 볼은 우윳빛 같고, 머리는 옻칠한 듯 새까맣고,
주렴 사이로 내비치는 눈빛은 주옥처럼 빛난다.
짐짓 흰 비단으로써 선녀 옷을 지어 입었건만,
붉은 입술 연지는 본바탕 더럽힐까 바르지 않았어라.
오(吳)나라의 교태롭고 부드러운 말씨가 아이처럼 가녀려도,
끝없는 인생살이의 근심일랑 다 알지 못하겠네.
예부터 미인은 기구한 운명이 많다더니,
문 닫히고 봄날이 다하면 버들 꽃은 지겠구나.

• 심화이해
  이 인용된 시는 소식(蘇軾)이 북송의 항주·양주 등의 지방장관으로 있
을 당시, 산중에 들어와 비구니가 된 어린 여승의 애처로운 모습을 보고
서 지은 칠언율시이다.

• 속 담

　나무도 쓸 만한 것이 먼저 베인다.

　미인일수록 팔자가 사납다.

• 용 례

　뛰어난 미모에 활동적이던 그녀가 그토록 젊은 나이에 죽다니, 정녕 가
인박명이로구나.

刻舟求劍(각주구검)

· 刻: 새길 **각**　· 舟: 배 **주**　· 求: 구할 **구**　· 劍: 칼 **검**

● 뜻풀이

배에 표시를 새긴 뒤 칼을 찾는다는 뜻. 어리석고 미련하여 시세의 추이를 모르고 고지식함을 비유하는 말.

● 활용형

刻舟(각주)

● 유사어

刻劍痕(각검흔), 刻舟痕(각주흔), 刻舷(각현), 契舟求劍(계주구검)
기검흔(記劍痕), 守株待兎(수주대토)

● 유 래

楚人有涉江者, 其劍自舟中墜於水, 遽刻其舟曰: "是吾劍之所從墜." 舟止, 從其所刻者, 入水求之. 舟已行矣, 而劍不行, 求劍若此, 不亦惑乎?

〔呂不韋, 呂氏春秋, 察今篇〕

　전국시대에 초(楚)나라 사람 중 양자강(揚子江)을 건너기 위해 배를 탄 어떤 사람이 그의 칼을 배에서 물에 빠뜨렸다. 급히 빠뜨린 자리를 뱃전에 새겨 놓으면서 말했다. "이곳이 내 칼을 빠뜨린 곳이다." 배가 나루터에 닿은 다음에, 그는 배에 새겨놓은 곳을 좇아서 물 속으로 들어가 빠뜨린 칼을 찾고자 하였다. 배는 이미 움직였으나 칼은 물 속에서 움직이지 않았거늘, 칼을 이와 같이 찾으려 하니 어리석지 않느냐?

● 속 담

개도 닷새가 되면 주인을 안다.
소라 껍질로 바닷물을 된다.
우물 옆에서 말라 죽겠다.

● 용 례

그 사람의 미련하기는 옛날 초나라 사람이 각주구검했던 것과 같구나.

乾坤一擲(건곤일척)

· 乾: 하늘 건 · 坤: 땅 곤 · 一: 한 일 · 擲: 던질 척

• 뜻풀이

 하늘과 땅을 한번에 내던진다는 뜻. 천하를 건 사생결단의 승부를 일컫는 말.

• 활용형

 一擲乾坤(일척건곤)

• 유사어

 在此一擧(재차일거)

• 유 래

龍疲虎困割川原	億萬蒼生性命存
誰勸君王回馬首	眞成一擲賭乾坤

〔韓愈, 韓昌黎集 卷九, 過鴻溝〕

 용은 지치고 호랑이는 피곤하여 천하를 분할하니,
 만천하 백성들의 목숨이 부지되었건만,
 그 누가 군왕에게 말머리를 돌리도록 권하여,
 진정 천하를 건 단판 승부를 짓게 했던가?

• 심화이해

 한(漢)나라의 유방(劉邦)과 초(楚)나라의 항우(項羽)는 진(秦)나라를 무너뜨릴 때는 서로 힘을 합쳤던 사이이다. 그러나 그후 둘 사이에는 천하를 쟁패하려는 피나는 싸움이 전개되었던 바, 좀처럼 승부가 나지 않자 홍구(鴻溝)1) 서쪽을 유방이 차지하고, 그 동쪽을 항우가 차지하기로 약속함으로써 억만 백성들의 목숨을 보존할 수 있었다.

 그러나 장량(張良)·진평(陳平)이 유방에게 '건곤일척'을 촉구함으로써, 유방은 항우를 해하(垓下)에서 패배시켜 한왕조(漢王朝)를 세우게 된다. 이러한 배경을 지닌 홍구를 지나면서 당(唐)의 대문장가 한유가 당시를 회

---

1) 홍구: 하남성(河南省) 개봉(開封) 서쪽을 흐르는 강으로, 고노하(賈魯河)라고도 칭함.

상하며 감회를 읊은 칠언절구이다.

• 속 담

도 아니면 모.

• 용 례

이번 선거는 현정권의 명운을 가르는 건곤일척의 승부가 될 것이다.

格物致知(격물치지)

· 格: 이를 격   · 物: 만물 물   · 致: 이를 치   · 知: 알 지

· 뜻풀이

사물의 이치나 도리를 궁구하여 후천적 지식을 명확히 함을 일컫는 말.

· 활용형

格致(격치), 치지격물(致知格物)

· 유 래

古之欲明明德於天下者, 先治其國, 欲治其國者, 先齊其家, 欲齊其家者, 先修其身, 欲修其身者, 先正其心, 欲正其心者, 先誠其意, 欲誠其意者, 先致其知, 致知在格物.

[大學, 朱熹章句, 八條目]

옛날 명덕(明德)을 천하에 밝히려는 자는 먼저 그 나라를 다스려야 하고, 그 나라를 다스리려는 자는 먼저 그 집안을 바로잡아야 하고, 그 집안을 바로잡으려는 자는 먼저 그 몸을 닦아야 하고, 그 몸을 닦으려는 자는 먼저 그 마음을 바르게 해야 하고, 그 마음을 바르게 하려는 자는 먼저 그 뜻을 정성스럽게 해야 하고, 그 뜻을 정성스럽게 하려는 자는 먼저 그 앎을 극진히 해야 하나니, 앎을 극진히 함은 사물의 이치를 궁구함에 있다.

· 심화이해

『대학(大學)』은 유가 교리에 대한 간결하고도 체계적인 정리서라 하겠는데, 크게 '삼강령'과 '팔조목'으로 구성되어 있다. 삼강령(三綱領)은 '大學之道 在明明德 在親民 在止於至善'에서 보듯 명덕·친민·지선이다. 그런데 팔조목(八條目)은 위에 든 명명덕(明明德), 치국(治國), 제가(齊家), 수신(修身), 정심(正心), 성의(誠意), 치지(致知), 격물(格物)을 가리킨다. 그런데 다른 조목과 달리 '격물·치지' 조목만은 상세한 해설이 없어 이설이 존재하고 있다.

그것은 주자(朱子)에 의하면 자기의 지식을 극한에까지 파고드는 것이고,

왕양명(王陽明)에 의하면 인간의 자연적·본래적인 마음의 작용에는 '양지(良知)'가 있으니 그 양지를 발현(發現)시킨다는 것이다. 다시 말해, 주자는 덕이 마음속에 있는 것이라 한 반면, 왕양명은 덕이 마음속에 있는 것이 아니라 행위를 통해서 이루어지는 것으로 본 것이다. 이로 인해 마침내 유학에 있어서 두 학파로 나뉘어 정립되는 계기가 되었다.

• 용 례
확고한 지식에 이르기 위해서는 격물치지해야 한다.

結草報恩(결초보은)

· 結: 맺을 결　· 草: 풀 초　· 報: 갚을 보　· 恩: 은혜 은

• 뜻풀이

풀을 묶어 갚은 은혜라는 뜻. 죽어서까지도 잊지 않고 남의 은혜를 갚음을 일컫는 말.

• 활용형

結草(결초)

• 유사어

結草報魏(결초보위), 結草衝環(결초함환), 魏草(위초)
刻骨難忘(각골난망), 難忘之恩(난망지은), 銘心不忘(명심불망)

• 참고어

魏顆之命(위과지명)

• 유 래

秋七月, 秦桓公伐晉, 次于輔氏. 壬午, 晉侯治兵于稷, 以略狄土, 立黎侯而還. 及雒魏顆敗秦師于輔氏, 獲杜回, 秦之力人也.

初, 魏武子有嬖妾無子. 武子疾, 命顆曰: "必嫁是." 疾病則曰: "必以爲殉." 及卒, 顆嫁之曰: "疾病則亂 吾從其治也." 及輔氏之役, 顆見老人結草, 以亢杜回, 杜回躓而顚, 故獲之. 夜夢之曰: "余而所嫁婦人之父也. 爾用先人之治命, 余是以報."

[春秋左氏傳, 宣公, 十五年條]

가을 7월에 진(秦)나라의 환공이 진(晉)을 공격하여 군대를 보씨(輔氏)에 주둔시켰다. 임오날에 진왕(晉王)은 직(稷)에서 군대를 정돈하여 오랑캐 땅을 쳐 빼앗고 나서 여왕(黎王)를 복위시키고 돌아갔다. 돌아가는 도중 낙(雒) 땅에 이르러, 위과(晉의 卿大夫)가 보씨에서 진(秦)나라 군대를 패배시키고 두회(杜回)를 사로잡았는데, 두회는 진(秦)나라의 역사(力士)였다.

이보다 앞서, 위무자(위과의 부친)에게는 사랑하는 첩이 있었는데 그녀에

게는 아들이 없었다. 무자가 병이 들자, 그는 아들인 위과를 불러 당부했다. "이 여자를 반드시 개가(改嫁)시켜라." 병세가 점점 악화되어 위독해지자, 그는 아들 위과에게 다시 말했다. "내가 죽으면 반드시 이 여자를 순사(殉死)케 하라." 그러나 위무자가 죽자, 위과는 그 여자를 개가시키면서 다음과 같이 말했다. "사람은 병이 위독하게 되면 정신이 혼란해지기 마련이니, 나는 아버지가 맑은 정신으로 하신 말씀을 따르는 것이다." 그후 보씨의 싸움에서, 위과는 한 노인이 풀을 엮어 진(秦)나라의 두회가 전진하는 것을 막겠다는 것을 보았는데, 두회가 과연 그것에 걸려 넘어지므로 사로잡을 수 있었다. 그날 밤, 위과의 꿈에 그 노인이 나타나 말했다. "나는 당신이 재가시킨 여자의 아비라. 당신이 죽은 부친의 정신 맑았을 때의 유언을 따름으로써 내 딸의 목숨을 부지할 수 있었기에, 나는 그 은혜에 보답한 것이오."

• 심화이해

중국 춘추시대 진(晉)나라 위무자와 그의 아들 위과, 그리고 위과의 서모에 관련된 보은(報恩)의 이야기이다.

• 속 담

귤껍질 한 조각만 먹어도 동정호(洞定湖)를 잊지 않는다.
꼴을 베어 신을 삼겠다.
머리털 베어 신발을 한다.
털을 뽑아 신을 삼겠다.

• 용 례

그는 선생님으로부터 생전에 입은 은혜를 죽어서도 결초보은하고자 한다.

傾國之色(경국지색)

· 傾: 기울 경   · 國: 나라 국   · 之: 갈 지   · 色: 빛 색

• 뜻풀이
나라를 위태롭게 할 만한 미인이란 뜻. 한 나라를 좌지우지할 만한 빼어난
미인을 일컫는 말.

• 활용형
傾國(경국), 傾城傾國(경성경국), 傾國之美(경국지미)

• 유사어
佳人絶世(가인절세), 傾城之色(경성지색), 國色(국색), 國香(국향)
丹脣皓齒(단순호치), 萬古絶色(만고절색), 羞花閉月(수화폐월)
絶代佳人(절대가인), 絶世美人(절세미인), 沈魚落雁(침어낙안)
花容月態(화용월태)

• 상대어
薄色(박색)

• 유 래

　是時, 漢兵盛食多, 項王兵罷食絶. 漢遣陸賈說項王, 請太公, 項王弗聽.
漢王復使侯公往說項王, 項王乃與漢約, 中分天下, 割鴻溝以西者爲漢,
鴻溝而東者爲楚. 項王許之, 卽歸漢王父母妻子. 軍皆呼萬歲. 漢王乃封
侯公爲平國君, 匿弗肯復見曰: "此天下辯士, 所居傾國, 故號爲平國君."
項王已約, 乃引兵解而東歸.

[史記, 項羽本紀]

　이때, 한나라의 군대는 군량이 풍부했고, 항왕의 군사들은 지치고 군량마
저 떨어진 상태였다. 한왕이 육고(陸賈)[2]를 보내 항왕을 달래어 태공을 풀
어주도록 요청했으나, 항왕은 이를 듣지 않았다. 한왕이 다시 후공(侯公)[3]

---

2) 육고: 한왕의 변사(辯士). 후에 태중대부(太中大夫)의 관직에 이른다.
3) 후공: 이름은 성(成), 자는 백성(伯盛). 산양(山陽) 사람이다.

을 보내어 항왕을 설득하니, 항왕이 이에 천하를 둘로 나누어 홍구(鴻溝) 서쪽을 한나라의 영토로 하고, 홍구 동쪽을 초나라의 영토로 하기로 한왕과 약속하였다. 그제서야 항왕은 태공을 풀어줄 것을 허락하고는 즉시, 한왕의 부모·처자를 돌려보냈다. 이에 한나라 군사들은 모두 만세를 외쳤다. 한왕은 후공을 평국군(平國君)에 봉하고 다시는 만나려고 하지 않으면서 다음과 같이 말했다. "그는 천하의 능변가로서, 그가 있는 곳은 나라를 기울게 할 것이므로 평국군이라 이름한다." 항왕은 약속을 지킨 뒤 군대를 이끌고 동쪽으로 돌아갔다.

北方有佳人　　　　　　絶世而獨立
一顧傾人城　　　　　　再顧傾人國
寧不知傾城與傾國　　　佳人難再得

〔漢書, 外戚傳, 李延年 詩〕

북방에 한 아름다운 여인 있으니,
그 미모는 세상에서 뛰어나 홀로 우뚝하네.
한 번 돌아보면 성을 기울게 하고
두 번 돌아보면 나라를 기울게 한다네.
성을 기울게 하고 나라를 기울게 함을 어이 모를까마는
아름다운 여인은 두 번 다시 얻기 어려워라.

• 심화이해

경국(傾國)이란 말이 처음에는 단지 '나라를 위태롭게 한다'는 의미로 사용되었음을 보여주는 것이 유래의 앞부분에 인용된 글이다. 그러다가 '미인(美人)'이란 의미가 덧붙여져 쓰이게 되었음을 보여주는 것이 유래의 뒷부분 시인데, 오늘날에는 주로 이 의미로서 사용된다.

이 시는 한무제(漢武帝)를 모시고 있던 협률도위(協律都尉)[4] 이연년(李延年)이 지은 작품이라고 한다. 그는 노래 솜씨도 뛰어났지만 곡조를 만들고 가사를 붙이는 재주 역시 뛰어난 사람이어서 한무제로부터 총애를 받았다. 어느날 그가 한무제를 위해 노래를 지어 바치면서 자기 누이를 경국지색

---

4) 협률도위: 음악을 맡은 관리.

이라 묘사했던 것이다. 그 누이동생이 바로 만년의 한무제를 사로잡아 그
로부터 총애를 받은 이부인(李夫人)이다. 이부인은 천하 일색에다 춤까지
잘 추었으나 젊은 나이에 죽은 여인이다.

●속 담
꽃이 부끄러워하고, 달이 숨겠다.
양귀비 뺨 치겠다.
양귀비 외딴 친다.

●용 례
경국지색인 그녀는 마음까지도 고왔다.

鷄肋(계륵)

· 鷄: 닭 계   · 肋: 갈빗대 륵

· 뜻풀이

닭의 갈비뼈란 뜻. 먹으려 하면 먹을 것이 없다고 해서 큰 소용은 못되나 버리기엔 아까운 물건을 비유하기도 하고, 또 왜소하고 허약한 사람을 비유하기도 하는 말.

· 유사어

兩手執餠(양수집병)

· 유 래

楊修字德祖, 好學有俊才, 爲丞相曹操主簿, 用事曹氏. 及操自平漢中, 欲因討劉備而不得進, 欲守之又難爲功, 護軍不知進止何依. 操於是出敎, 唯曰: "鷄肋而已." 外曹莫能曉, 修獨曰: "夫鷄肋, 食之則無所得, 弃之則如可惜, 公歸計決矣."

[後漢書, 楊修傳]

양수(楊修)는 자(字)가 덕조(德祖)로 학문을 좋아하고 재주가 뛰어나 승상 조조의 주부(主簿)5)가 되어 그를 섬기고 있었다. 조조는 유비가 평정하고 있던 한중(漢中)6)에서 유비를 토벌하고자 해도 전진할 수가 없고 수비하고자 해도 곤란한 지경이어서, 조조의 막료들은 전진해야 할지 수비해야 할지 어찌 할 줄 몰랐다. 조조는 이에 부하들에게 명령을 내렸다. "계륵(鷄肋)일 따름이라." 조조를 제외하고는 어느 누구도 명령이 뜻하는 바를 알지 못했으나, 양수만이 정확히 알고는 다음과 같이 말했다. "닭의 갈비는 먹으려면 먹을 것이 없고, 그렇다고 해서 내버리기도 아까운 것이오. 그런데 한중을 계륵에 비유한 것은 승상께서 이곳을 버리고 돌아가려는 계획을 이미 결정한 것이오."

---

5) 주부: 문서를 다루고 일반업무를 처리하는 관직명.
6) 한중: 섬서성(陝西省)의 서남쪽을 흐르는 한강(漢江: 양자강의 큰 지류) 북안의 험한 땅.

劉伶嘗醉與俗人相忤.　其人攘袂奮拳而往,　伶徐曰:　"鷄肋不足以安尊
拳."其人笑而止.

［晉書, 劉伶傳］

유령이 어느 때 술에 취하여 세속의 사람과 싸움을 했다. 그 상대방이
옷소매를 뿌리치면서 주먹을 휘두르며 덤벼들자, 유령은 천천히 다음과 같
이 말했다. "닭갈비처럼 빈약한 나는 그대의 주먹에 맞을 수가 없을 것 같
소." 상대방은 이 말을 듣고는 웃고 싸움을 그쳤다.

• 심화이해

　유래의 앞부분 인용문은, 익주(益州)를 점령한 유비가 한중을 평정한 다
음 위(魏)나라 조조의 군대를 맞아 한중(漢中) 쟁탈전을 벌이며 장기전 양
상을 띄고 있을 때의 양수에 관한 일화이다. 유비의 군대는 제갈량(諸葛
亮)이 용의주도하게 강력한 방어전선을 구축한 반면, 조조의 군대는 내부
의 질서가 문란했을 뿐만 아니라 탈영병이 속출하는 지경에까지 이르렀다.
그래서 조조의 군대는 공격도 수비도 할 수 없는 곤란한 상태인지라, 조
조가 '계륵'이란 명령을 내렸고, 이에 대한 정확한 의미를 양수만이 간파했
다는 일화이다. 이에서 '계륵'은 '큰 소용은 못되나 버리기에는 아까운 것'
이라는 비유로 쓰여진다.

　유래의 뒷부분 인용문은 진(晉)나라 초기의 죽림칠현(竹林七賢) 가운데
술 잘 마시기로 유명한 유령(劉伶)에 관한 일화이다. 이 일화에서 '계륵'은
'왜소하고 허약한 사람'이라는 비유로 쓰여지게 되었다.

• 속　담

　양손에 든 떡은 갖기도 버리기도 아깝다.

• 용　례

　나에게 그는 계륵과 같은 존재이다.
　그의 허약함은 바로 계륵이었다.

鼓腹擊壤(고복격양)

·鼓: 두드릴 고 ·腹: 배 복 ·擊: 칠 격 ·壤: 땅 양

• 뜻풀이

배를 두드리고 땅을 친다는 뜻. 의식이 풍족하고 안락하여 부러운 것이 아무것도 없는 태평세월을 누림을 비유하는 말.

• 활용형

擊壤歌(격양가), 擊壤之歌(격양지가), 鼓腹(고복), 鼓腹而歌(고복이가)

• 유사어

堯舜之節(요순지절), 太平聖代(태평성대), 含哺鼓腹(함포고복)

• 유 래

帝堯治天下五十年, 不知天下治歟·不治歟, 乃微服游於康衢. 有老人, 含哺鼓腹, 擊壤而歌曰:

> 日出而作　　　　日入而息
> 鑿井而飮　　　　耕田而食
> 帝力于我何有哉.

[十八史略, 帝堯陶唐氏篇]

요(堯)임금이 천하를 다스린 지 50년에 천하가 잘 다스려졌는지 잘 못다스려졌는지를 알 수가 없어서 확인하기 위해 서민들 옷차림(微服)으로 거리로 나가 보았다. 그런데 한 노인이 입안에다 먹을 것을 잔뜩 물고는 배를 두드리고 땅을 치면서 다음과 같이 노래하였다.

> 해뜨면 밭에 나가 일하고,
> 해지면 들어와서 쉬네.
> 우물을 파서 마시고,
> 밭 갈아서 먹으니,
> 임금의 힘이 나와 무슨 상관이랴.

• 용 례

백성들이 고복격양하니 요순시절을 다시 본 듯하다.

曲學阿世(곡학아세)

·曲: 굽을 곡   ·學: 학문 학   ·阿: 아첨할 아   ·世: 인간 세

• 뜻풀이
배운 바를 굽혀서 세속에 아첨한다는 뜻. 배운 진리의 원칙을 접어두고서 세속의 시류나 이익에 영합함을 일컫는 말.

• 상대어
淸廉潔白(청렴결백)

• 참고어
御用學者(어용학자), 正學(정학)

• 유 래
竇太后好老子書, 召轅固生問老子書. 固曰: "此是家人言耳." 太后怒曰: "安得司空城旦書乎?" 乃使固入圈刺豕. 景帝知太后怒而固直言無罪, 乃假固利兵, 下圈刺豕. 正中其心, 一刺, 豕應手而倒. 太后默然, 無以復罪, 罷之. 居頃之, 景帝以固爲廉直, 拜爲淸河王太傅. 久之, 病免.

今上初卽位, 復以賢良徵固. 諸諛儒多疾毁固, 曰: "固老." 罷歸之. 時固已九十餘矣. 固之徵也, 薛人公孫弘亦徵, 側目而視固. 固曰: "公孫子, 務正學以言, 無曲學以阿世!" 自是之後, 齊言詩皆本轅固生也. 諸齊人以詩顯貴, 皆固之弟子也.

[史記, 儒林傳]

경제(景帝)의 모친 두태후(竇太后)는 『노자(老子)』 책을 숭상하여 원고생(轅固生)을 불러 『노자(老子)』 책에 대해 물었다. 원고생이 대답했다. "그같은 책은 천한 하인이나 노예의 말에 불과합니다." 이 말을 들은 태후는 화가 나서 말했다. "어찌 사공(司空)7)의 성단서(城旦書)8)를 받으려 하느

---

7) 사공: 형벌을 담당하는 관리.
8) 성단서: 진한대(秦漢代)의 형벌의 하나. 죄수에게 처벌하는 방편으로 야간에도 성을 쌓게 하였다.

나?" 이에 원고생으로 하여금 울에 들어가 돼지를 찔러 죽이게 했다. 그러나 경제는 태후의 화풀이이지 원고생의 직언이 무죄임을 알고는 원고생에게 몰래 예리한 단검을 넣어주어 돼지를 찌르게 했다. 그는 정확히 돼지의 심장을 찔러 단번에 돼지를 넘어뜨렸다. 태후는 잠자코 있었고, 다시 죄를 내릴 수 없게 되자 그만두었다. 그로부터 얼마 후, 경제는 원고생을 청렴하고 정직하다고 생각하여 청하왕(淸河王)의 태부(太傅)9)로 임명했다. 그는 한참 지나 병이 들어 관직에서 물러났다.

경제 다음으로 무제(武帝)가 즉위하여 원고생을 다시 현량(賢良)10)을 통해 불러들였다. 그때 무제에게 아첨하기를 잘하던 많은 유학자들은 원고생의 재등용을 꺼려하여 시기하는 말이 많았다. 즉, "원고생은 늙었습니다."와 같은 말이다. 이로 말미암아 결국 원고생을 파직시켜 다시 향리로 돌려보내고 말았다. 이때 원고생의 나이는 이미 아흔이 넘었다. 원고생이 무제에게 다시 불려갔을 때, 설(薛)사람 공손홍(公孫弘)도 함께 불려갔었는데 원고생을 두려운 눈빛으로 흘겨보았다. 그러자 원고생이 말했다. "공손자여, 올바른 학문을 힘써 말해야 하지, 학문을 굽혀 세상에 아첨해서는 아니 되오." 이후부터 제나라에서 '시'를 논하는 사람들은 모두 원고생에 근거하였다. 제나라 사람으로서 '시'로 귀족이 된 자들은 모두 원고생의 제자들이었다.

- **심화이해**

전한의 경제는 왕위에 오르자 새로운 정치를 펼치기 위해 숨은 인재를 널리 발탁하고자 했다. 이때 이미 나이가 아흔을 넘긴 고령임에도 불구하고 왕의 부름에 지체없이 달려온 인물이 바로 원고생이었다. 그는 자신이 옳다고 생각한 것은 어떠한 경우에도 직언하는 강직한 사람이었는데, 이 때문에 주변의 인물들로부터 많은 고난과 모함을 겪어야만 했음을 보여주는 일화 중의 하나가 위의 인용문이다.

- **용 례**

상관의 비위를 맞추고자 하는 그의 처세술은 곡학아세 그 자체였다.

---

9) 태부: 국군(國君)을 보필하던 관직명.
10) 현량: 관리를 선발하던 과목.(賢良方正)

空中樓閣(공중누각)

· 空: 빌 공   · 中: 가운데 중   · 樓: 다락 루   · 閣: 누각 각

• 뜻풀이

공중에 떠 있는 누각이란 뜻. 헛된 망상이나 진실성이 없는 비현실적인 문장 또는 허무하게 사라지는 근거 없는 사물을 일컫는 말.

• 유사어

誇大妄想(과대망상), 白日夢(백일몽), 蜃氣樓(신기루)

• 유 래

登州四面臨海, 春夏時, 遙見空際城市樓臺之狀. 士人謂之海市.

[沈括, 夢溪筆談]

등주는 사면이 바다로 둘러싸여 있는데, 늦은 봄날과 여름철이면 멀리 하늘 위로 도시와 누각 모양이 보인다. 이 고을 사람들은 그것을 해시(海市)라고 부른다.

今稱言行虛構者, 曰: "空中樓閣." 用此事.

[翟灝, 通俗篇]

요즘 사람들이 말과 행동이 허황된 경우를 가리켜 '공중누각'이라고 말하는데, 바로 이 일에서 유래한 것이다.

• 심화이해

유래의 앞부분 인용문은 북송(北宋)의 심괄(沈括)이 저술한 일종의 박물지(博物志)인 『몽계필담(夢溪筆談)』에 실려 있는 것이며, 이 글을 청(淸)나라의 적호(翟灝)가 자신이 지은 『통속편(通俗篇)』에 일단 적고 난 후 덧붙인 내용이 바로 유래의 뒷부분 인용문이다. 그러나 심괄이 말한 해시(海市)는 신기루를 지칭한 것이다.

• 속 담

모래 위에 쌓은 성(城)이다.

• 용 례

공중누각 같은 이상주의가 만연해서는 곤란하다.

管鮑之交(관포지교)

·管: 대롱 관　·鮑: 절인 고기 포　·之: 갈 지　·交: 사귈 교

·뜻풀이
관중과 포숙아의 우정이란 뜻. 서로에 대한 믿음과 의리가 영원히 변치 않는
친구 사이를 일컫는 말.

·활용형
管鮑交(관포교), 管鮑誼(관포의), 管鮑金(관포금), 管鮑襟期(관포금기)

·유사어
肝膽相照(간담상조), 膠漆之交(교칠지교), 金蘭之契(금란지계)
金蘭之交(금란지교), 金蘭之誼(금란지의), 斷金之契(단금지계)
斷金之交(단금지교), 莫逆之友(막역지우), 刎頸之交(문경지교)
分金管鮑(분금관포), 伯牙絶絃(백아절현), 水魚之交(수어지교)
知音(지음), 鮑叔知(포숙지), 兄弟之誼(형제지의)

·상대어
市道之交(시도지교)

·유 래
管仲曰:"吾始困時, 嘗與鮑叔賈, 分財利多自與, 鮑叔不以我爲貪, 知
我貧也. 吾嘗爲鮑叔謀事而更窮困, 鮑叔不以我爲愚, 知時有利不利也.
吾嘗三仕三見逐於君, 鮑叔不以我爲不肖, 知我不遭時也. 吾嘗三戰三走,
鮑叔不以我爲怯, 知我有老母也. 公子糾敗, 召忽死之, 吾幽囚受辱, 鮑
叔不以我爲無恥, 知我不羞小節而恥功名不顯于天下也. 生我者父母, 知
我者鮑子也."

[史記, 管晏列傳]

관중이 술회했다. "내가 예전에 가난했을 때 포숙과 함께 장사를 한 적
이 있었는데, 이익의 분배에서 나의 몫을 더 많이 취하곤 했다. 그럼에도
포숙이 나를 욕심쟁이라고 여기지 않은 것은 내가 가난한 것을 알고 있었

기 때문이다. 또 내가 포숙을 위해 도모한 일이 잘못되어 도리어 그를 궁지에 몰아넣었다. 그럼에도 포숙이 나를 어리석다고 여기지 않은 것은 시운에 따라 좋을 때와 나쁠 때가 있는 줄을 알았기 때문이다. 그리고 내가 일찍이 세 번이나 벼슬길에 나섰다가 세 번 모두 군주에게 내쫓기고 말았다. 그럼에도 포숙이 나를 무능하다고 여기지 않은 것은 내가 아직 때를 만나지 못한 것을 알고 있었기 때문이다. 그리고 내가 세 번 싸움터에 나가 세 번 모두 도망쳐 온 적이 있었다. 그럼에도 포숙이 나를 겁쟁이라고 여기지 않은 것은 나에게 늙은 어머니가 계신 줄을 알고 있었기 때문이다. 공자 규(糾)가 왕위 다툼에서 패하자, 동료 소홀(召忽)은 죽고 나는 오라에 묶이는 치욕을 당했다. 그럼에도 포숙이 나를 파렴치하다고 여기지 않은 것은 내가 사소한 일에는 부끄러워하지 않으나 공명을 천하에 알리지 못함을 부끄러워한다는 것을 알았기 때문이다. 나를 낳아준 이는 부모이지만 나를 알아주는 이는 포숙이다."

• **심화이해**

제(齊)나라의 관중(管仲)과 포숙아(鮑叔牙)는 죽마고우였다. 관중은 공자 규(糾)를, 포숙아는 규의 동생인 소백(小白)을 각기 섬겼다. 그런데 양공(襄公)이 포악무도했기 때문에, 관중은 규와 함께 노(魯)나라로 도망치고 포숙아는 소백과 함께 거국(莒國)으로 도망쳤다. 얼마 안 가서 양공은 자신의 종제인 공손무지(公孫無知)의 반란에 의해 피살되었고, 또한 반란군도 평정되었다. 이 소식을 들은 규와 소백은 임금의 자리를 차지하기 위해 서로 먼저 제나라에 들어오고자 했다.

그래서 관중은 규를 왕위에 앉히기 위해, 소백이 제나라로 들어갈 만한 길목에서 그를 암살하고자 했지만 실패하고 만다. 결국 소백이 먼저 제나라로 들어와 왕위에 올랐는데, 이 사람이 바로 춘추오패의 한 사람인 제환공(齊桓公)이다. 환공은 노나라로 도망친 규와 관중과 소홀(召忽)을 사로잡았다. 그런데 규는 그 자리에서 죽임을 당하고, 소홀은 호송될 때 스스로 목숨을 끊었고, 관중만이 제나라로 압송되었다. 환공은 자기를 죽이려 한 관중을 죽일 계획이었지만, 포숙아가 이를 간절히 말리며 오히려 대부(大夫)로 천거하였다. 이에 대부가 된 관중은 자신의 역량을 발휘하여 환공을 춘추시대에 제일의 패자로 군림하게 만들었다.

 따라서 죽을 목숨이었던 관중을 환공에게 추천하여 역량을 마음껏 발휘할 수 있도록 한 것은 포숙아의 변함없는 우정에 기인한 것이며, 이에 관중이 자신의 지난날을 돌이켜 회상하면서 포숙아에 대한 고마운 마음을 말한 것이 바로 위의 인용문이다.

• 용 례

우정이라 하면 사람들은 관포지교를 떠올린다.

刮目相對(괄목상대)

·刮: 비빌 괄   ·目: 눈 목   ·相: 서로 상   ·對: 대할 대

• 뜻풀이

눈을 비비고 상대를 다시 본다는 뜻. 사람의 학식이나 재주 따위가 놀랍도록 향상됨을 비유하는 말.

• 유 래

孫權謂蒙及蔣欽曰: "卿今並當塗掌事, 宜學問以自開益." 蒙曰: "在軍中常苦多務, 恐不容復讀書." 權曰: "孤豈欲卿治經爲博士邪? 但當令涉獵見往事耳. 卿言多務孰若孤, 孤少時歷詩·書·禮記·左傳·國語, 惟不讀易. 至統事以來, 省三史·諸家兵書, 自以爲大有所益. 如卿二人, 意性朗悟, 學必得之, 寧當不爲乎? 宜急讀孫子·六韜·左傳·國語及三史. 孔子言: '終日不食, 終夜不寢, 以思無益, 不如學也.' 光武當兵馬之務, 手不釋卷. 孟德亦自謂老而好學. 卿何獨不自勉勖邪?" 蒙始就學, 篤志不倦, 其所覽見, 舊儒不勝. 後魯肅上代周瑜, 過蒙言議, 常欲受屈. 肅拊蒙背曰: "吾謂大弟但有武畧耳, 至於今者, 學識英博, 非復吳下阿蒙." 蒙曰: "士別三日, 卽更刮目相待."

〔三國志, 吳志, 呂蒙傳注〕

손권이 여몽(呂蒙)과 장흠(蔣欽) 두 사람에게 말했다. "당신들은 가장 긴요한 일을 맡을 사람들이니 마땅히 책을 읽어 학식을 쌓아 두시오." 이에 여몽이 대답했다. "저는 군대에 있어서 늘 힘들뿐만 아니라 군무(軍務)가 너무 많아서 책을 읽을 틈이 없습니다." 손권이 다시 말했다. "내가 어찌 그대에게 경학박사(經學博士)를 되라 하겠는가? 다만 내가 바라는 것은 선인들이 남긴 기록들을 섭렵해서 보라는 것이오. 그대가 일이 많다고는 하지만 나보다 많기야 하겠소. 나는 젊었을 때 『시경(詩經)』·『서경(書經)』·『예기(禮記)』·『춘추좌전(春秋左傳)』·『국어(國語)』 등을 두루 섭렵했지만 오직 『주역(周易)』만을 읽지 못했소. 통사(統史) 이래로 삼사(三史)

와 제가 병서(諸家兵書) 등을 살피는 것을 크게 유익한 것으로 여기었소. 만일 그대 두 사람이 지혜가 밝아져 빨리 깨닫기를 생각한다면 학식을 반드시 쌓아야 할 것이니 어찌 마땅히 하지 않을 것인가? 의당 빨리 『손자병법(孫子兵法)』·『육도(六韜)』·『춘추좌전』·『국어』 및 『삼사(三史)』 등을 읽어야 할 것이오. 일찍이 공자께서도 말씀하셨소. '하루 종일 먹지도 않고 밤새도록 자지도 않고 생각하여 아무 이익이 없는 것보다는 책을 읽는 것이 낫다.' 또한 한나라 광무제(光武帝)는 작전을 짤 때도 손에서 책을 놓지 않았다고 하며, 조조(曹操) 역시 스스로 늙었다고 하면서도 배우기를 좋아했었소. 그대들은 어찌해서 자기를 계발하는 일을 힘쓰지 않는단 말이오?" 손권의 말을 들은 여몽은 그때부터 학식을 쌓고자 하여 그 뜻을 돈독히 하고 게으르지 않아, 보고 읽은 바는 구유(舊儒)들도 이루다 미칠 수가 없었다. 그후 노숙(魯肅)과 윗대 주유(周瑜)는 여몽에 대한 이러니저러니 하는 소문들을 업신여겼으나 막상 서로 만나 이야기를 해보고 나서 깜짝 놀라지 않을 수 없었다. 그래서 노숙은 여몽의 등을 어루만지며 말했다. "나는 그대가 무예만 뛰어난 줄 알았는데, 지금에 이르러서는 이렇게 학식이 뛰어나고 폭넓으니 그대는 오나라에 있을 때의 여몽이 전혀 아니구려." 그러자 여몽이 대답했다. "선비란 서로 헤어졌다가 사흘이 지나서 만났을 때는 눈을 비비고 상대를 보아야 하는 것입니다."

• 심화이해

삼국이 서로 세력확장을 위해 대립하고 있을 당시, 오(吳)나라 손권(孫權)의 부하로 여몽(呂蒙)이 있었다. 그는 어려서부터 집이 가난해 글공부는 못하고 무예만을 닦아서 학식이 거의 없었다. 그러나 손권의 부하로 있으면서 전공(戰功)으로 인해 계속 승진하여 장군까지 되었던 인물이다.

어느 날 여몽은 오나라의 창업주 손권으로부터 책을 많이 읽어 학식을 쌓으라는 충고를 듣게 되었고, 이 충고를 착실히 실천하여 학식을 쌓았던 바, 손권의 부하 중 가장 뛰어난 학식을 가진 노숙(魯肅)과의 일화가 바로 인용문이다. 여몽은 관우(關羽)를 죽였을 뿐만 아니라, 노숙이 죽은 뒤에는 갖가지 책략으로 손권을 도와 오나라의 기반을 굳건히 했던 인물이다.

• 용 례

그 감독은 영화를 다루는 솜씨가 괄목상대할 만큼 발전했다.
과거 어느 시기가 지금과 같은 괄목상대한 변화를 주도한 적이 있던가.

敎學相長(교학상장)

· 敎: 가르칠 교 · 學: 배울 학 · 相: 서로 상 · 長: 기를 장

• 뜻풀이

사람들을 가르치거나 스승으로부터 배우거나 간에 모두 나의 학업을 증진시킨
다는 말.

• 유 래

玉不琢不成器, 人不學不知道. 是故, 古之王者, 建國君民, 敎學爲先.
<兌命>曰: "念終始典于學." 其此之謂乎. 雖有嘉肴, 弗食不知其旨也.
雖有至道, 弗學不知其善也. 是故, 學然後知不足, 敎然後知困. 知不足
然後能自反也, 知困然後能自强也. 故曰敎學相長也.

[禮記, 學己篇]

아름다운 옥이라도 쪼고 다듬지 않으면 그릇이 되지 못하고, 사람도 배
우지 않으면 도리를 알지 못한다. 그러므로 옛날의 왕은 나라를 세우고
그 백성의 임금이 될 때에 가르치고 배우는 일을 가장 우선적인 것으로
삼았다. <태명(兌命)>11)에 이르기를, "인군(人君)은 처음부터 끝까지 언제
나 사념(思念)을 학문하는 것에 두고서 만민을 교화시키려 한다."고 했는
데, 그것은 이를 두고 한 말일 것이다. 비록 좋은 안주가 있어도 먹지 않
으면 그 좋은 맛을 알지 못하고, 비록 지극한 도가 있어도 배우지 않으면
그 좋음을 알지 못한다. 그러므로 배운 뒤에야 자기의 부족함을 알게 되
고, 가르쳐 본 후에야 자기의 곤고(困苦)함을 알게 된다. 자기의 부족함을
안 연후에는 능히 스스로 반성해야 하고, 자기의 곤고함을 안 연후에는
능히 스스로 힘써야 한다. 그러므로 "가르치는 것과 배우는 것은 서로 발
전하는 것"이라고 말한다.

• 용 례

그 교육원은 교학상장이라는 원훈(院訓) 아래 미래사회를 주도할 인재를
육성하고 있다.

---

11) 태명: 『상서(尙書)』의 편명. 은나라의 대신 부열(傳說)이 고종(高宗)에게 올린 훈사(訓
辭)인데, 이는 오래 전에 없어지고 지금 남아 있는 것은 뒷사람의 위작(僞作)이라 한다.

口蜜腹劍(구밀복검)

·口: 입 구   ·蜜: 꿀 밀   ·腹: 배 복   ·劍: 칼 검

• 뜻풀이

 입에는 꿀을 바르고 가슴에는 칼을 품는다는 뜻. 말은 꿀같이 달콤하게 하지만 속으로는 음흉한 생각을 품고 있음을 비유하는 말.

• 활용형

 口有蜜腹有劍(구유밀복유검)

• 유사어

 敬而遠之(경이원지), 勸上搖木(권상요목), 面從腹背(면종복배)
 笑裏藏刀(소리장도), 笑面虎(소면호), 笑中白刃(소중백인)
 笑中有劍(소중유검), 笑中有刀(소중유도), 羊頭狗肉(양두구육)
 表裏不同(표리부동)

• 유 래

 李林甫, 妬賢嫉能, 排抑勝己, 性陰險. 人以爲口有蜜腹有劍. 每夜獨坐
偃月堂, 有所深思, 明日必有誅殺, 屢起大獄. 自太子以下, 皆畏之. 在相
位十九年, 養成天下亂, 而上不悟. 然安祿山畏林甫術數, 故終其世, 未
敢反.

〔十八史略, 唐玄宗篇〕

 이임보는 현명하고 능력 있는 사람을 시기하여 자기보다 나은 사람은 배
척하여 억누르는 등 그의 성격이 지극히 음험한 사람이었다. 사람들은 그
를 보고 '입에는 꿀이 있지만 배에는 칼이 있다'고 여겼다. 그가 매일 밤
언월당(偃月堂)12)에 혼자 앉아 깊이 생각하는 일이 있으면, 그 다음날 반
드시 주살(誅殺)이 있었고, 큰 옥사(獄事)도 연이어 일어났다. 그래서 태자
를 비롯한 많은 사람들이 늘 그를 두려워했다. 그는 재상의 지위에 19년

---

12) 언월당: 이임보의 저택 안에 있는 별당. 반달 모양으로 지었던 까닭에 붙여진 이름이다.

동안 있으면서 천하란(天下亂)[13]의 소지를 길러냈으나, 현종은 이를 전혀 깨닫지 못했다. 그리고 안록산도 이임보의 술수를 두려워하고 있었으므로 그의 세상이 끝날 때까지는 감히 반란을 일으키지 않았다.

• 심화이해

당나라 현종(玄宗) 때 이임보는 재상이 되었다. 재상이 되자, 그는 뇌물로 환관과 후궁들의 환심을 사는 한편, 그 측근들보다도 더 현종에게 아첨하여 자신에 대한 왕의 총애를 견고하게 다졌다. 당시 양귀비에게 빠져 정사를 멀리하는 현종에게 유흥을 부추기며 조정을 좌지우지했기 때문이다. 그래서 그는 충신들의 정당한 의견조차도 현종의 귀에 들어가지 못하도록 전횡을 휘둘렀고, 또 자신의 권위를 위협하는 신하가 나타나면 가차없이 제거했다. 이 과정에서 일어난 폐단이 바로 인용문의 내용이다. 그가 정적을 제거할 때에는 먼저 상대방을 한껏 추켜 올리고 난 뒤 비밀리에 제거하는 표리부동한 수법을 썼던 것이다.

• 속 담

고양이 쥐 생각하네.
꿀 같은 말 속에 칼이 숨어 있다.
등치고 간 내먹는다.
웃음 속에 칼이 있다.

• 용 례

구밀복검은 인간의 이중성을 표현하는데 잘 쓰인다.

---

13) 천하란: 안록산(安祿山)의 난을 가리킴.

九牛一毛(구우일모)

· 九: 아홉 구 · 牛: 소 우 · 一: 한 일 · 毛: 털 모

· 뜻풀이

아홉 마리의 소 가운데서 뽑은 한 개의 털이라는 뜻. 많은 것 중에 가장 적은 것 또는 하찮은 존재를 비유하는 말.

· 활용형

九牛毛(구우모)

· 유사어

大海一滴(대해일적), 滄海一粟(창해일속), 滄海一滴(창해일적)

· 참고어

人生草露(인생초로)

· 유 래

僕之先, 非有剖符丹書之功, 文史星曆, 近乎卜祝之閒. 固主上所戲弄, 倡優所畜, 流俗之所輕也. 假令僕伏法受誅, 若九牛亡一毛, 與螻蟻何以異?

[文選, 司馬子長報任少卿書]

나의 아버님은 부부단서(剖符丹書)[14]를 받을 만한 공적이 있는 것은 아니지만 문사성력(文史星曆)[15]의 일원으로서 점쟁이의 부류에 가까운 분이었다. 원래 천자가 희롱하여 노니는 곳에 양성된 천한 광대들처럼 세상 사람들이 가볍게 여기는 바였다. 그러니 설사 내가 법에 따라 죽임을 당할지라도 그것은 아홉 마리의 소 중에서 터럭 하나 없어지는 것과 같으니, 나 같은 존재는 땅강아지나 개미 같은 미물이 죽는 것과 무엇이 다르겠는가?

---

14) 부부단서: 제후를 봉하는 문서. 옛날에 천자가 제후를 봉할 때, 부절(符節)을 양분하여 반쪽은 제후한테 주고 반쪽은 보관하였다가 후일의 신표로 삼았다.

15) 문사성력: 사마천(司馬遷)의 아버지 사마담(司馬談)이 조정의 기록과 성력(星曆) 및 제사 등을 맡은 태사령(太史令)을 지낸 사실을 지칭함.

한(漢)나라 7대 임금 무제(武帝) 때 이릉(李陵)이라는 용장(勇將)이 오천 명의 적은 보병을 이끌고 팔만의 흉노족 대군을 맞아 싸우다가 열흘간의 혈전 끝에 끝내 사로잡혀 항복한 일이 있다.

그런데 전사한 줄로만 알았던 이릉이 흉노에게 투항하여 후한 대접을 받고 있다는 소식을 들은 한무제는 격노하여 이릉의 가족을 몰살하라는 명령을 내렸다. 이 명령을 듣고 어느 누구도 이릉을 위해 변호해주는 사람이 없었는데, 이때 태사령(太史令) 사마천(司馬遷)이 나서서 변호했다. 지난날 흉노들이 두려움으로 벌벌 떨었던 이광(李廣)의 손자인 이릉은 용감한 장수인데, 그의 항복은 거짓 항복한 것이지 진짜 본심은 장차 기회를 봐서 한나라 조정에 보답하기 위해서라고 하면서 무제의 부당한 처사에 대해 직언을 하였던 것이다.

이 직언을 들은 한무제는 격노하여 사마천을 궁형(宮刑)16)에 처한 뒤 투옥했다. 이와 같은 모욕적인 형벌을 받고 투옥된 사마천은 처음에는 깨끗이 자결하고자 했지만 성력(星曆)과 제사(祭祀)를 관장하는 태사령을 봉직했던 아버지 사마담(司馬談)이 "통사(通史)를 기록하라"는 유언을 남겼기 때문에 곧 생각을 돌리게 되었다. 이때의 씁쓸한 심경을 나타내서 친구인 임안(任安)에게 보낸 편지 끝부분의 것이 바로 인용문의 내용이다. 그로부터 2년 후인 BC 97년에 사마천은 마침내 중국 최초의 사서(史書)로서 불후의 명저인 『사기(史記)』 130권을 완성했다.

• 속 담

아홉 마리의 소에서 털 하나 뽑기다.

• 용 례

이 세상에서 하찮은 존재인 나는 구우일모와 무엇이 다르랴.

---

16) 궁형: 남성의 생식기를 잘라 없애는 가장 수치스런 형벌. 사람들은 이 일을 가리켜 '이릉의 화(李陵之禍)'라 일컫는다.

群鷄一鶴(군계일학)

· 群: 무리 군   · 鷄: 닭 계   · 一: 한 일   · 鶴: 학 학

• 뜻풀이

닭의 무리 속에 한 마리의 학이란 뜻. 여러 평범한 사람들 가운데 뛰어난 한 사람이 섞여 있음을 비유하는 말.

• 활용형

鷄群孤鶴(계군고학), 鷄群一鶴(계군일학), 野鶴立鷄群(야학립계군)
鶴立鷄群(학립계군), 鶴行鷄群(학행계군)

• 유사어

拔群(발군), 白眉(백미), 野鶴昂昂(야학앙앙), 映群鶴(영군학)
絶群(절군), 絶倫(절륜), 鐵中錚錚(철중쟁쟁), 出鷄群(출계군), 出衆(출중)

• 상대어

人中之末(인중지말)

• 유 래

山濤領選啓武帝曰: "<康誥>有言: '父子罪不相及.' 嵇紹賢伴郤缺, 宜加旌命, 請爲秘書郞." 帝謂濤曰: "如卿所言, 乃堪爲丞, 何但郞也?" 乃發詔徵之. 起家爲秘書丞, 紹始入. 洛或謂王戎曰: "昨於稠人中, 始見嵇紹, 昂昂然, 如野鶴之在鷄羣." 戎曰: "君復未見其父耳."

[晉書, 嵇紹傳]

산도(山濤)가 무제에게 관리를 선발한 계(啓)를 올리면서 다음과 같이 아뢰었다. "『서경(書經)』의 <강고편(康誥篇)>에 보면 '아비와 아들의 죄는 서로에게 미치지 않는다'고 기록되어 있습니다. 비록 혜소(嵇紹)는 혜강(嵇康)17)의 아들이지만 그의 지혜는 극결(郤缺)18)에 짝할 만합니다. 부디 그

---

17) 혜강: 죽림칠현의 한 사람으로 위(魏)나라 때 중산대부(中散大夫)를 지냄. 완적(阮籍)과 함께 이름을 떨쳤는데, 노장의 자연주의를 좋아하고 유가의 예교사상에 반대하였다.
18) 극결: 춘추시대 진(晉)나라의 대부. 기주(冀州)에서 아내와 정다이 농사 지으며 살던 중 문공(文公)의 대부가 되었다.

를 등용하시어 청컨대 비서랑을 삼으소서." 이에 무제는 산도에게 일러 말했다. "경이 천거하는 인물이라면 비서승(秘書丞)에 등용해도 능히 그 일을 감당할 것이니 어찌 단지 비서랑(秘書郎) 직을 내리겠는가?" 그러면서 무제는 조서를 내려 혜소를 불러들였다. 이리하여 혜소는 비서랑보다 한 계급 위인 비서승에 임명되어 처음 낙양으로 들어왔다. 그 다음날 낙양의 어떤 사람이 자못 감격하여 죽림칠현의 한 사람인 왕융(王戎)에게 다음과 같이 말했다. "어제 구름처럼 많이 모인 사람들 틈에 끼어서 입궐하는 혜소를 보았습니다. 그 늠름하고 우뚝한 모습은 마치 들녘의 학이 닭의 무리 속에 있는 것과 같았습니다." 그러자 왕융이 말했다. "자네는 혜소의 아버지를 본 적이 없지?"

• 심화이해

위진(魏晉)시대에 죽림칠현(竹林七賢)이 있었다. 이들은 정치에서 물러나 지금의 하남성(河南省) 북동부에 있는 죽림에 모여 청담(淸談)을 논하던 무리였다. 완적(阮籍), 완함(阮咸), 혜강(嵇康), 산도(山濤), 왕융(王戎), 유령(劉伶), 상수(尙秀) 등이 그 일원이다.

이 죽림칠현의 한 사람인 혜강의 아들이 바로 혜소이다. 그는 열 살 때 아버지가 무고죄로 사형 당하자 어머니를 모시고 근신하고 있었다. 당시 혜소의 능력을 아까워하여 무제에게 산도가 천거하는 상황이 인용문의 내용이다. 혜소는 나중에 반란군에 포위된 무제를 몸으로 지키다가 화살에 맞아 죽었다.

• 속 담

닭이 천(千)이면 봉(鳳)이 한 마리.

• 용 례

모두가 풀이 죽어 있는 가운데, 그의 당당한 모습은 군계일학이었다.

君子三樂(군자삼락)

· 君: 임금 군 · 子: 아들 자 · 三: 석 삼 · 樂: 즐길 락

• 뜻풀이
  군자에게는 보통사람과는 달리 특별히 삼락이 있다는 말.

• 활용형
  三樂(삼락)

• 유사어
  益者三樂(익자삼락), 人生三樂(인생삼락)

• 상대어
  損者三樂(손자삼요)

• 참고어
  益者三友(익자삼우)

• 유 래
  孟子曰: "君子有三樂, 而王天下, 不與存焉. 父母俱存, 兄弟無故, 一樂也, 仰不愧於天, 俯不怍於人, 二樂也, 得天下英才, 而敎育之, 三樂也. 君子有三樂, 而王天下, 不與存焉."

  [孟子, 盡心 上]

  맹자가 다음과 같이 말했다. "군자에게 세 가지 즐거움이 있으나, 천하에 왕 노릇하는 것만은 여기에 들지 않는다. 부모가 두 분 다 생존해 있고, 형제들이 무고한 것이 그 첫째의 즐거움이다. 우러러보아서 하늘에 부끄럽지 않고, 굽어보아서 사람에게 부끄럽지 않은 것이 그 둘째의 즐거움이다. 천하의 뛰어난 인재를 얻어서 그를 교육하는 것이 그 셋째의 즐거움이다. 군자에게는 이 세 가지 즐거움이 있으나, 천하에 왕 노릇하는 것만은 여기에 들지 않는다."

• 심화이해

맹자가 왕노릇하는 것이 군자의 삼락에 들지 않는다고 한 것은 부귀와
영화는 진정한 즐거움으로 보지 않기 때문이다.

• 용 례

그 누가 군자삼락의 즐거움을 다 누릴 수 있겠는가.
자네의 부모 형제가 편안하다니 군자삼락 중의 하나를 가졌구나.

捲土重來(권토중래)

·捲: 말 권 ·土: 흙 토 ·重: 거듭할 중 ·來: 올 래

• 뜻풀이

흙먼지를 일으키면서 다시 돌아온다는 뜻. 어떤 일을 하다가 실패한 사람이 거듭 노력하여 다시 재기하는 것을 일컫는 말.

• 유사어

死灰復燃(사회부연), 寒灰更煖(한회갱난)

• 유 래

勝敗兵家不可期	包羞忍恥是男兒
江東子弟多俊才	捲土重來未可知

[杜牧, 樊川詩集 卷四, 題烏江亭]

이기고 짐은 병가도 기약할 수 없는 것,
수치를 삭이며 패배를 견디는 자가 진정한 남아라.
강동의 자제들 중엔 호걸들이 많았거늘,
흙먼지를 일으키며 다시 쳐들어올 것을 어찌 알지 못했는가.

• 심화이해

항우(項羽)는 팔천 명의 병졸을 이끌고 팔 년 동안 그야말로 승승장구를 했으나, 부하들의 말을 듣지 않았을 뿐만 아니라 의제(義帝)를 폐위시키고 또 진(秦)의 도읍 함양(咸陽)에 입성하여서는 닥치는 대로 약탈을 하여 민심을 잃게 되었다. 그러다가 유방과의 해하(垓下) 싸움에서 패하여 도망가는 신세가 되고 말았다. 한신(韓信)이 항우를 잡기 위해 수십만 대군을 구리산(九里山)에 매복시켰는데, 항우는 간신히 탈출하여 고향으로 갈 수 있는 오강(烏江)에 도착했다. 그러나 패전한 장수의 몸으로 강동(江東)의 부형을 대할 면목이 없다고 생각하고 오강에서 스스로 자결했다.

항우가 죽고 천년이 지난 뒤, 당(唐)의 시인 두목(杜牧)이 오강을 지나다가 항우의 모습을 그리면서 쓴 칠언절구가 바로 인용된 시이다.

• **속 담**

꺼진 불에서 다시 불이 붙는다.

넘어진 나무에서도 움이 돋는다.

• **용 례**

우리 축구팀은 이번 승리를 계기로 슬럼프의 종지부를 찍고 권토중래의
발판을 마련했다.

錦上添花(금상첨화)

·錦: 비단 금 ·上: 위 상 ·添: 더할 첨 ·花: 꽃 화

- **뜻풀이**

  비단 위에 꽃을 더한다는 뜻. 좋은 일에 겹쳐 좋은 일이 일어남을 일컫는 말.

- **상대어**

  病上添病(병상첨병), 雪上加霜(설상가상)

- **유 래**

河流南苑岸西斜	風有晶光露有華
門柳故人陶令宅	井桐前日總持家
嘉招欲履盃中淥	麗唱仍添錦上花
便作武陵樽組客	川源應未少紅霞

  〔王安石, 臨川先生文集, 卽事〕

  강물은 남원으로 흘러 언덕이 서쪽으로 기우는데,
  바람결에는 맑은 빛이 있고 이슬은 꽃의 화려함을 품었네.
  문앞 버들이 있는 곳은 옛 도령(陶令)의 집이요,
  우물가 오동이 있는 곳은 예전 총지(總持)의 집이라.
  훌륭한 초대를 받아 술잔을 거듭 비우는데,
  흥겨운 노래는 비단 위에 꽃을 더하는 듯하구나.
  마치 저 무릉도원에서 술과 안주를 즐기는 어부 같건만,
  강의 근원에는 아직도 적지 않은 붉은 노을이 비치는구나.

- **속 담**

  곶감죽 먹고 엿 목판에 엎어졌다.

- **용 례**

  야구선수는 호쾌한 질주에 날카로운 타격만 뒷받침되면 금상첨화이다.

騎虎之勢(기호지세)

· 騎: 탈 기   · 虎: 호랑이 호   · 之: 갈 지   · 勢: 권세 세

• 뜻풀이

호랑이를 탄 형세란 뜻. 호랑이를 타고 달리는 사람이 도중에서 내릴 수 없
는 것처럼 중도에서 그만두거나 물러설 수 없는 형세를 일컫는 말.

• 유사어

騎獸之勢(기수지세), 騎虎難下(기호난하)

• 유 래

及周宣帝崩, 高祖居禁中, 總百揆. 后使人謂高祖曰: "大事已然, 騎獸
之勢, 必不得下, 勉之."

[隋書, 獨孤皇后傳]

북주(北周)의 선제(宣帝)가 돌아가심을 당하여, 뒤에 수(隋)나라 고조가
된 양견(楊堅)이 조정에 들어가서 백 가지 뒷일을 총괄하고 있었다. 이에
독고황후는 사람을 시켜 고조에 일러 말했다. "대세는 이미 정해졌습니다.
호랑이를 탄 형세로서 도저히 내릴 수가 없으니, 애써 힘쓰십시오."

• 심화이해

독고씨(獨孤氏)는 양견(楊堅)의 아내로서, 북주(北周)의 대사마(大司馬) 하
내공(河內公) 신(信)의 일곱째 딸이었다. 그녀는, 북주의 선제(宣帝)가 죽자
외척인 양견이 선제의 어린 아들을 보좌하여 국권을 장악하고 있으면서 황
제가 되려는 야망을 가진 것을 간파하고는 환관을 시켜 남편을 격려·고무
하는 내용이 바로 유래의 인용문이다. 결국 양견은 어린 황제의 왕위를 정
식으로 이어받아 수나라를 세우고, 8년 뒤 남조인 진(陳)을 멸망시켜 중국
천하를 통일한다. 곧, 수(隋)나라의 고조(高祖)인 문제(文帝)가 되었다.

• 속 담

이미 뽑은 칼이다.

• 용 례

우리의 거사는 기호지세의 형국이니 목적을 달성할 때까지 버티어야 한다.

難兄難弟(난형난제)

·難: 어려울 난 ·兄: 맏 형 ·難: 어려울 난 ·弟: 아우 제

· 뜻풀이

형이라 하기도 어렵고 아우라 하기도 어렵다는 뜻. 두 사물 또는 두 사람의 우열을 분간하기 어려울 때 일컫는 말.

· 활용형

難弟(난제), 難弟難兄(난제난형), 難兄(난형), 難兄弟(난형제)

· 유사어

大同小異(대동소이), 莫上莫下(막상막하), 伯仲之勢(백중지세)
五十步百步(오십보백보), 愚劣難分(우열난분), 互角之勢(호각지세)

· 참고어

難父難子(난부난자)

· 유 래

陳元方子長文有英才, 與季方子孝先, 各論其父功德, 爭之不能決, 咨於太丘. 太丘曰: "元方難爲兄, 季方難爲弟."

[世說新語, 方正篇]

진원방(陳紀의 字)의 아들 장문(陳群의 자)은 뛰어난 재주가 있었는데, 진계방(陳諶의 자)의 아들 효선(陳忠의 자)과 더불어 각각 자기 아버지의 공덕을 논하여 다투되 우열을 결정하지 못했다. 그래서 할아버지인 태구에게 물었다. 그러자 태구는 이렇게 말했다. "원방(元方)도 형이 되기 어렵고, 계방(季方)도 아우가 되기 어렵구나."

· 심화이해

양상군자(梁上君子)로 유명한 후한말(後漢末)의 진식(陳寔)은 태구(太丘)의 현령(縣令)이라는 적은 녹봉을 받고 있으면서도, 그의 두 아들 진기(陳紀)와 진심(陳諶)과 더불어 '세 군자'라고 불릴 정도로 그 덕망이 높았다.

그런데 진기의 아들 진군(陳群)과 진심의 아들 진충(陳忠) 사촌간에 서로

자기 아버지의 공덕을 논하였지만 그 우열을 가리지 못하자 할아버지 진식에게 결정을 구하였더니, 그 할아버지의 대답이 바로 유래의 인용문이다.

• 속 담

두꺼비 씨름 누가 질지 누가 이길지.

막동이 씨름하듯.

콩이야 팥이야 한다.

• 용 례

그 둘의 실력은 우열을 좀처럼 가릴 수가 없으니 난형난제였다.

濫觴(남상)

·濫: 넘칠 **람** ·觴: 술잔 **상**

• 뜻풀이

큰 강물도 그 시초는 한잔에 넘칠 정도의 적은 물이라는 뜻. 모든 사물이나 일의 시초 또는 근원을 일컫는 말.

• 유사어

權與(권여), 起源(기원), 始作(시작), 淵源(연원), 嚆矢(효시)

• 유 래

　子路盛服見孔子, 孔子曰: "由, 是袪袪何也? 昔者江出於岷山, 其始出也, 其源可以濫觴. 及其至江之津也, 不放舟, 不避風, 則不可涉也, 非維下流水多邪! 今女衣服旣盛, 顔色充盈, 天下且孰肯諫女矣!" 子路趨而出, 改服而入, 蓋猶若也. 孔子曰: "由, 志之. 吾語女, 奮於言者華, 奮於行者伐, 色知而有能者, 小人也. 故君子知之曰知之, 不知曰不知, 言之要也."

〔荀子, 子道篇〕

　공자의 제자 자로가 어느날 옷을 잘 차려입고 공자를 찾아뵈었다. 그러자 공자는 자로의 옷차림을 보고는 다음과 같이 말했다. "자로야, 이 옷차림이 무엇이냐? 예로부터 양자강은 그 근원이 민산(岷山)에서 흘러나왔다. 그 강이 처음 시작될 때 수원(水源)은 잔에 넘칠 정도의 물에 지나지 않았다. 하지만 강나루에 이르러서는 배를 타지 않고서 건널 수가 없게 되고, 또 바람이 없는 날을 택하지 않고서는 건널 수가 없게 되었으니, 이것은 아래로 흘러가며 물이 불어나서 그런 것이 아니겠느냐? 지금 너의 의복은 지나치게 화려하고 너의 안색도 그렇게 의기양양하니 천하에 어느 누가 너에게 즐거이 충고할 마음을 갖겠느냐?" 이에 자로는 얼른 나가서 옷을 갈아입고 들어오니, 평소에 입는 옷차림과 같았다. 또 공자가 말했다. "자로야, 여기에 뜻을 두어라. 내 너에게 말하노니, 말을 꾸미는 자는 화려

하고, 행동을 자랑하는 자는 뽐내고, 아는 기색을 하며 유능한 체하는 자는 소인이다. 그러므로 군자는 아는 것을 안다고 말하고, 모르는 것은 모른다고 말하는 것이 말의 요체이니라."

• **용 례**
조선조 고종 21년에 설치한 우정총국이 우리 나라 우편제도의 남상이다.

囊中之錐(낭중지추)

· 囊: 자루 낭   · 中: 가운데 중   · 之: 갈 지   · 錐: 송곳 추

· 뜻풀이

주머니 속의 송곳이란 뜻. 주머니 속에 송곳을 넣어두면 반드시 삐져나오듯이
유능한 사람은 숨어 있어도 자연히 그 존재가 드러나게 마련임을 일컫는 말.

· 활용형

囊錐(낭추), 錐囊(추낭)

· 유사어

囊脫(낭탈), 露囊錐(노낭추), 毛遂錐(모수추), 利穎(이영), 重九鼎(중구정)
錐處囊中(추처낭중), 敗錐(패추)

· 유 래

  秦之圍邯鄲, 趙使平原君求救, 合從於楚, 約與食客門下有勇力文武備
具者二十人偕. 平原君曰: "使文能取勝, 則善矣. 文不能取勝, 則歃血於
華屋之下, 必得定從而還. 士不外索, 取於食客門下足矣." 得十九人, 餘
無可取者, 無以滿二十人. 門下有毛遂者, 前自贊於平原君曰: "遂聞君將
合從於楚, 約與食客門下二十人偕, 不外索. 今少一人, 願君卽以遂備員
而行矣." 平原君曰: "先生處勝之門下幾年於此矣?" 毛遂曰: "三年於此
矣." 平原君曰: "夫賢士之處世也, 譬若錐之處囊中, 其末立見. 今先生處
勝之門下三年於此矣, 左右未有所稱誦, 勝未有所聞, 是先生無所有也.
先生不能, 先生留." 毛遂曰: "臣乃今日請處囊中耳. 使遂蚤得處囊中, 乃
穎脫而出, 非特其末見而已." 平原君竟與毛遂偕. 十九人相與目笑之而
未發也. 毛遂比至楚, 與十九人論議, 十九人皆服.

[史記, 平原君傳]

  진(秦)나라가 조(趙)나라의 수도 한단을 포위하자, 조나라는 평원군을 초
(楚)나라에 보내어 구원을 요청하여 합종하게 하였다. 평원군은 식객과 문

하에서 문무의 덕을 겸비한 20명과 함께 가기로 약속하였다. 평원군이 말했다. "문(文: 평화로운 방식)으로 승리를 취한다면 좋은 일입니다. 그러나 문으로 승리를 취할 수 없게 되는 경우에는 회의하는 궁전 아래에서 피를 마시더라도[19] 반드시 합종을 맺고 돌아오겠습니다. 함께 갈 선비는 바깥에서 찾지 않고, 저의 식객과 문하에서 뽑으면 될 것입니다." 이렇게 하여 19명을 선발하였으나 나머지 한 명의 인재를 선발할 수가 없어서 미처 20명을 채우지 못했다. 그때 문하에 모수(毛遂)라는 사람이 있었는데, 앞으로 나아가 평원군에게 스스로를 추천하며 말했다. "제가 듣건대, 선생께서는 장차 초나라와 합종하고자 하여 식객과 문하의 20명과 함께 가기로 약속했고, 또 사람을 외부에서 찾지 않기로 하셨다고 들었습니다. 이제 한 사람이 모자라니 선생께서는 저로써 인원을 채워 함께 가시기를 원합니다." 이에 평원군이 물었다. "선생이 나의 문하에 있은 지 오늘로 몇 해나 되었습니까?" 모수가 대답했다. "오늘로 3년이 되었습니다." 평원군이 말했다. "무릇 현명한 선비의 처세라고 하는 것은 비유하자면 주머니 속에 있는 송곳과도 같아서 당장에 그 끝이 드러나 보이는 것입니다. 지금 선생께서 나의 문하에 있은 지 오늘까지 3년이지만 좌우에서 칭찬하여 말하는 사람이 없었고 나도 들은 적이 없으니, 이는 선생에게 뛰어난 것이 없기 때문입니다. 그래서 선생은 함께 갈 수 없으니 그냥 이대로 계시오." 모수가 말했다. "저는 오늘에서야 선생의 주머니 속에 있기를 청합니다. 저로 하여금 일찍부터 주머니 가운데 있게 하였다면 자루까지도 벗어나왔을 것이니 아마도 그 끝만 보이지는 않았을 것입니다." 평원군이 마침내 모수를 데리고 함께 떠났다. 19명은 서로 눈빛으로 모수를 비웃었지만 소리를 내지는 않았다. 모수가 초나라에 도착하기 전에 19명과 의논을 하는데, 19명이 모두 탄복하였다.

• 심화이해

평원군 조승(趙勝)은 조(趙)나라 혜문왕(惠文王)의 동생이었다. 그에게는 수천 명의 식객과 문하가 있었다고 한다. 이 많은 식객과 문하 중에서 모

---

19) 고대사회에서 맹약을 다짐하는 일종의 의식. 맹약에 참여한 사람들이 피를 마심으로써 맹약을 지킬 것을 표시하였다.

수라는 인물을 발탁하게 된 일화가 인용문이다. 모수는 평원군과 함께 초나라로 가 초왕을 설득하여 합종을 수락하는데 결정적인 역할을 하였다.

• 속 담

싸고 싼 사향(麝香)도 냄새 난다.
자루 속의 송곳은 삐져 나온다.
주머니 속에 들어간 송곳이다.

• 용 례

뛰어난 재능을 숨기고 있는 인재를 알아보고 발탁하니, 이는 진실로 낭중지추를 알아본 셈이다.

綠林(녹림)

· 綠: 푸를 **록** · 林: 수풀 **림**

• 뜻풀이

푸른 숲이란 뜻. 전한말(前漢末) 폭정에 항거하는 사람들이 형주(荊州)의
녹림산에 들어와 도둑이 되었던 것에서 유래한 것으로 도적 또는 도적의 소굴
을 일컫는 말.

• 활용형

綠林客(녹림객), 綠林豪客(녹림호객)

• 유사어

白浪(백랑), 白波(백파), 夜客(야객)

• 유 래

王莽末, 南方飢饉, 人庶羣入野澤, 掘鳧茈而食之, 更相侵奪. 新市人王
匡·王鳳爲平理諍訟, 遂推爲渠帥, 衆數百人. 於是諸亡命馬武·王常·成
丹等往從之, 共攻離鄕聚, 臧於綠林中, 數月閒至七八千人. 地皇二年, 荊
州牧某發奔命二萬人攻之, 匡等相率迎擊於雲杜, 大破牧軍, 殺數千人,
盡獲輜重, 遂攻拔竟陵. 轉擊雲杜·安陸, 多略婦女, 還入綠林中, 至有五
萬餘口, 州郡不能制. 三年, 大疾疫, 死者且半, 乃各分散引去. 王常·成
丹西入南郡, 號下江兵, 王匡·王鳳·馬武及其支黨朱鮪·張卬等北入
南陽, 號新市兵, 皆自稱將軍.

[後漢書, 劉玄傳]

왕망(王莽) 말년 남방지역에 기근이 들자, 굶주린 백성의 무리들은 산과
못가로 떠돌아다니며 오리를 잡고 풀뿌리를 캐어 먹었지만 그것조차도 서
로 손에 넣으려고 쟁탈전이 벌어졌다. 이때 신시(新市)의 왕광(王匡)과 왕
봉(王鳳)이 유랑민들의 쟁송을 공평하게 다스려서 마침내 수백 명의 부하
를 거느린 무리의 수령으로 추대되었다. 그러자 관병(官兵)에게 쫓기어 도
망다니던 마무(馬武), 왕상(王常), 성단(成丹) 등이 왕광과 왕봉을 추종하

여 이향취(離鄕聚)를 공격하고 다시 녹림산 속에 숨어 들어가 근거지를 삼았는데 불과 몇 달 사이에 그 무리가 7,8천 명에 이르렀다. 지황(地皇) 2년에 형주(荊州)의 지방장관이 2만의 관군을 이끌고 그들을 공격했다. 하지만 왕광 등은 운두(雲杜)에서 관군을 맞아 싸워 크게 대파하여 죽인 사람이 수천 명이었다. 또 그들은 군수품을 털었고, 마침내 경릉(竟陵)을 쳐서 빼앗았다. 그리고 그들은 운두와 안륙(安陸)을 전전하며 소란을 일으키며 부녀자들을 거느리고 녹림산으로 돌아왔는데, 그때는 이미 5만이란 큰 세력이 되어 주군(州郡)도 어찌할 수 없었다. 3년에 큰 역질이 발생하여 죽은 사람이 태반이어서 각자 흩어졌다. 왕상과 성단의 무리들은 서쪽으로 남군(南郡)에 들어가 '강병(江兵)'이라 하고, 왕광과 왕봉과 마무 및 그 일당 주유(朱鮪)와 장앙(張卬) 등의 무리들은 북쪽으로 남양(南陽)에 들어가 '신시병(新市兵)'이라 했는데, 모두 스스로 장군이라 칭했다.

• 심화이해

왕망은 한(漢)나라를 멸망시키고 신(新)나라를 세워 황제가 되었다. 그는 여러 가지 급격한 개혁정책을 펼쳤으나 결국 모두 실패하고 말았다. 이러한 왕망의 실정과 함께 흉년이 겹쳐 백성들의 생활은 도탄에 빠지게 되고, 이로 인해 백성들은 고향을 떠나 유민이 되어 떠돌아다니게 되면서 전국 각지에서 반란이 일어났다. 이때의 모습을 보여주는 것이 인용문의 내용이다. 이 왕광과 왕봉의 무리들은 유수(劉秀: 光武帝)와 유현이 군사를 일으키자 그들에게 합세해서 마침내 왕망을 타도하기에 이르렀던 것이다.

• 용 례

내가 서출이지만 몸을 녹림에 붙여 남아의 뜻을 펼치리라.

壟斷(농단)

· 壟: 언덕 롱 · 斷: 끊을 단

· 뜻풀이
높이 솟은 언덕이란 뜻. 가장 유리한 위치에서 이익이나 권력 등을 독점함을
비유하는 말.

· 유 래

孟子致爲臣而歸, 王就見孟子曰: "前日願見而不可得, 得侍同朝, 甚喜,
今又棄寡人而歸, 不識可以繼此而得見乎?" 對曰: "不敢請耳, 固所願
也." 他日, 王謂時子曰: "我欲中國而授孟子室, 養弟子以萬鍾, 使諸大夫
國人皆有所矜式, 子盍爲我言之!" 時子因陳子而以告孟子, 陳子以時子
之言告孟子. 孟子曰: "然. 夫時子惡知其不可也? 如使予欲富, 辭十萬而
受萬, 是爲欲富乎? 季孫曰: '異哉, 子叔疑! 使己爲政, 不用, 則亦已矣,
又使其子弟爲卿, 人亦孰不欲富貴? 而獨於富貴之中有私龍斷焉.' 古之
爲市者, 以其所有易其所無者, 有司者治之耳, 有賤丈夫焉, 必求龍斷而
登之, 以左右望而罔市利. 人皆以爲賤, 故從而征之, 征商自此賤丈夫始
矣."

[孟子, 公孫丑 下]

맹자가 신하 노릇하던 것을 그만두고 고향으로 돌아가게 되자, 왕이 나
와 맹자를 보고 말했다. "전에는 만나 뵙기를 원해도 뵐 수가 없다가 그
동안 조정에 함께 모실 수 있어서 매우 기뻤습니다. 이제 다시 과인을 버
리고 돌아가시니, 이 뒤로 다시 뵐 수 있을는지 모르겠습니다." 이에 맹자
가 대답했다. "감히 그렇게 하시라고 청할 수 없을 뿐이지, 진실로 그렇게
되기를 바라는 바입니다." 후일에 왕이 시자(時子)를 보고 말했다. "나는
맹자에게 나라 복판에 집을 마련해 주고, 만종(萬鍾)의 녹을 주어 제자들
을 길러내게 하여, 여러 대부와 우리 나라 사람들로 하여금 다 공경하고
본받을 데가 있게 하고 싶은데, 그대가 어찌 나를 위해 말해 주지 않겠는

가?" 시자가 맹자의 제자인 진자(陳子)를 통하여 이 말을 맹자에게 고하고
자 하니, 진자는 시자의 말대로 맹자에게 고했다. 그러자 맹자가 말했다.
"그런가? 시자가 어찌 그렇지 않다는 것을 알겠느냐? 만일 내가 부를 탐
냈다면 십만종(十萬鍾)의 녹을 사양하고서 만종의 녹을 받겠는가? 이것이
부유해지기를 바라는 것이 될 수 있겠느냐? 계손(季孫)이 이런 말을 했다.
'이상도 하다, 자숙의(子叔疑)여! 만일 자기가 정치를 하다가 받아들여지지
않으면 그만둘 뿐이다. 또 자기 자제(子弟)로 하여금 경(卿)을 시키게 되
면 남들인들 누가 부귀를 바라지 않겠는가? 그런데 더러는 부귀 가운데서
홀로 우뚝한 곳을 자기 것으로 차지하는 자가 있다.' 옛날의 시장이란 것
은 자기가 가진 것을 가지고 자기에게 없는 것과 바꾸는 것으로, 관리는
그것을 살필 뿐이었다. 그런데 마음이 천한 사나이가 있어 꼭 우뚝한 곳
을 찾아 그곳에 올라가 좌우를 바라봄으로써 시장의 이익을 휩쓸었다. 그
러자 사람들이 다 그것을 천하게 생각했기 때문에, 그런 행위에 따라 세
금을 거두게 되었다. 상인에게서 세금을 거두는 것은 이 천한 사나이로부
터 시작된 것이다."

• 심화이해

맹자가 오랜 제(齊)나라에서의 생활을 청산하고 고국으로 떠나는 날에
선왕(宣王)은 전송을 나와 아쉬움을 표하며 후일을 약속했다. 정말 얼마
뒤 선왕은 만종의 녹을 주어 국사(國師)로 초빙하여 온 백성의 스승으로
모시겠다는 뜻을 전했다.

그러나 맹자는 선왕이 재물로서 자신의 마음을 사로잡으려는 처사가 못
마땅해 그의 제안을 거절했다. 다시 말해, 선왕이 맹자의 인의의 뜻을 받
아들이기보다는 겉으로 맹자를 내세우고 뒤로는 이익을 독점하려는 장사
꾼처럼 이웃나라를 정복하여 실리를 추구하려는 처사가 못마땅했던 것이
다. 그리하여 맹자는 농단의 이야기를 꺼내어서 선왕의 제의를 거절하는
내용이 인용문이다.

• 용 례

국정을 농단하고도 또다시 기득권을 이어가려는 세력들에게 엄중한 책임
을 물어야 한다.

弄璋之喜(농장지희)

·弄: 희롱할 농   ·璋: 구슬 장   ·之: 갈 지   ·喜: 기쁠 희

• 뜻풀이
아들을 낳은 기쁨을 일컫는 말.

• 유사어
弄璋之慶(농장지경)

• 상대어
弄瓦之慶(농와지경), 弄瓦之喜(농와지희)

• 유 래

下莞上簞   乃安斯寢
乃寢乃興   乃占我夢
吉夢維何   維熊維羆
維虺維蛇

大人占之
維熊維羆   男子之祥
維虺維蛇   女子之祥

乃生男子   載寢之牀
載衣之裳   載弄之璋
其泣喤喤   朱芾斯皇
室家君王

[詩經, 小雅, 鴻鴈之什, 斯干]

밑에는 돗자리 위에는 대자리 겹치어 깔고,
여기에서 편안히 잠자네.
자고 일어나,
간밤에 꾼 꿈 점쳤네.

무슨 좋은 꿈을 꾸었던가,
무섭게 생긴 곰에 큰 곰 보았고,
살모사에 뱀을 만나 놀라 깨었었네.

점치는 이가 점쳐 보더니,
무섭게 생긴 곰에 큰 곰은,
아들 낳을 꿈이요,
살모사에 뱀 본 것은,
딸 낳을 꿈이라네.

아들을 낳으면,
침상에 누이고,
좋은 옷을 입혀 주고,
손에는 구슬을 들려 놀게 하니,
울음도 쩡쩡 우렁차고,
이제 크며는 입신양명 붉은 슬갑 휘황 찬란하여,
집안의 가장이 되겠네.

• 심화이해

이것은 새 집을 짓고 아들딸 낳고 잘 사는 사람의 기쁨을 노래한 것이다. 특히 인용문의 첫째 절은 새 집 짓고 들어가 꾼 꿈을, 둘째 절은 아들과 딸 낳을 꿈의 내용을, 셋째 절은 아들 낳아 잘 기르는 모양을 노래하고 있다.

• 용 례

그녀가 5대째 독자 집안에 시집와 첫아들을 낳으니, 시댁 식구들은 농장지희라며 축하했다.

그 부부는 서로 여러 해 동안 화락했으나 농장지희가 없어 근심스러운 표정을 지었다.

累卵之危(누란지위)

·累: 포갤 **루**　·卵: 알 란　·之: 갈 지　·危: 위태로울 위

• 뜻풀이
높이 쌓아올린 알이란 뜻. 조금만 건드려도 쓰러질 위험한 상태를 비유하는 말. 국가의 운명이 풍전등화에 처하거나 회사가 도산의 위기에 처했을 때 이 말을 주로 쓴다.

• 활용형
累卵(누란), 累卵之勢(누란지세)

• 유사어
累碁(누기), 百尺竿頭(백척간두), 如履薄氷(여리박빙), 危機一髮(위기일발)
危同累卵(위동누란), 危如累卵(위여누란), 焦眉之急(초미지급)
風前燈火(풍전등화)

• 유 래
　已報使, 因言曰:“魏有張祿先生, 天下辯士也. 曰: ‘秦王之國危於累卵, 得臣則安. 然不可以書傳也.’ 臣故載來.”秦王弗信, 使舍食草具. 待命歲餘.

[史記, 范雎列傳]

　왕계(王稽)가 진(秦)나라 왕에게 사신 갔다온 일들을 보고하고 그 기회에 아뢰었다. “위(魏)나라의 장록(張祿: 범수의 또다른 이름)선생은 천하의 유명한 유세가입니다. 그의 말이 이러했습니다. ‘진나라는 위태하기가 지금 계란을 쌓아 놓은 것보다 더 급한 위기를 맞고 있지만, 진나라가 나를 받아들인다면 무사할 수 있을 것입니다. 그러나 그러한 것들은 글로써 전달할 수 없는 것입니다.’ 그러므로 제가 그를 데리고 왔습니다.” 진나라 왕이 이를 믿지 않고서, 범수에게 단지 거처와 하찮은 식사만 제공하였다. 범수는 이러한 상황에서 1년여를 기다렸다.

• 심화이해

　위(魏)나라의 범수(范雎)라는 사람은 가난한 집 자식으로 태어났으나 부지런히 학문을 연마해 종횡가(縱橫家)로서 일가를 이루었다. 어느날 그는 중대부(中大夫) 수가(須賈)가 위나라의 사절로 제(齊)나라에 가게 되었을 때 함께 수행했다. 그런데 교섭하는 도중에 범수가 수가보다 더 주목을 받게 되자, 수가는 귀국하자마자 위제(魏帝)에게 범수가 위나라의 비밀을 제나라에 누설했다는 누명을 씌웠다. 이에 위제는 범수를 호되게 매질하도록 하여 범수는 죽을 지경에 이르렀다. 이 죽음의 위기를 간신히 벗어난 범수는 정안평(鄭安平)이란 사람의 집에 은신해 있으면서 장록(張祿)이란 이름으로 개명했다.

　때마침 위나라에 온 진(秦)나라 사신 왕계(王季)의 도움을 받아 진나라로 망명하게 되었는데, 왕계(王稽)가 진나라 소양왕(昭陽王)에게 장록을 소개하는 상황이 바로 인용문이다. 결국 범수는 진나라의 근교원공(近交遠攻)이란 대외정책을 진언하여 큰 공헌을 세우게 된다.

• 속 담

눈먼 말 타고 벼랑 가기다.
바람 앞에 촛불 같다.
봄 얼음 건너가는 것 같다.
사공 없는 배를 탄 것 같다.
어린 아이 물가에 둔 것 같다.
호랑이 꼬리를 잡은 듯, 살얼음을 디딘 듯.

• 용 례

　누란지위에 처한 나라를 구하기 위해, 논개는 왜장을 안고 진주 남강에 떨어져 죽었다.

多多益善(다다익선)

·多: 많을 다 ·益: 유익할 익 ·善: 좋을 선

• 뜻풀이

많으면 많을수록 좋음을 일컫는 말·

• 유사어

多多益瓣(다다익판)

• 유 래

上問曰: "如我能將幾何?" 信曰: "陛下不過能將十萬." 上曰: "於君何
如?" 曰: "臣多多而益善耳." 上笑曰: "多多益善, 何爲爲我禽?" 信曰:
"陛下不能將兵, 而善將將, 此乃信之所以爲陛下禽也. 且陛下所謂天授,
非人力也."

[史記, 淮陰侯列傳]

한고조(漢高祖) 유방(劉邦)이 한신(韓信)에게 물었다. "나와 같은 사람은
능히 얼마나 되는 군사를 거느릴 수 있겠소?" 한신이 대답했다. "폐하께서
는 그저 10만을 거느릴 수 있는데 불과합니다." 고조가 또 물었다. "그렇
다면 그대는 어떠하오?" 한신이 대답했다. "예, 저는 많으면 많을수록 좋
습니다." 이 말을 듣고 고조는 비웃으며 물었다. "많으면 많을수록 좋다면
서, 어찌하여 그대는 나에게 사로잡혔는가?" 이에 한신이 대답했다. "폐하
께서는 많은 군사를 거느릴 수는 없으시지만, 장수는 잘 거느리십니다. 이
것이 바로 제가 폐하에게 사로잡힌 까닭입니다. 더구나 폐하라는 자리는
소위 하늘이 주신 것이기에 사람의 힘으로 하는 것이 아닙니다."

• 심화이해

한고조 유방은 초나라의 항우를 꺾고 천하를 통일하는데 일등 공신이었던
초왕(楚王) 한신이 반란의 기미가 있다고 하여, 그를 회음후(淮陰侯)로 좌천
시키고 도읍인 장안(長安)을 벗어나지 못하게 했다. 어느날 한고조가 한신과
더불어 장군의 능력에 대해 대화를 나눈 내용이 바로 위의 인용문이다.

• 용 례

기부금은 다다익선이 아니라 정말 필요한 만큼만 거두어야 한다.

簞食瓢飮(단사표음)

· 簞: 대광주리 **단**　· 食: 밥 **사**　· 瓢: 표주박 **표**　· 飮: 마실 **음**

· 뜻풀이

한 그릇의 밥과 한 바가지의 물이란 뜻. 지극히 소박한 음식으로 영위하는
청빈하고 가난한 생활을 일컫는 말.

· 활용형

簞瓢(단표), 一簞食一瓢飮(일단사일표음), 一簞一瓢(일단일표)
瓢簞(표단), 瓢飮(표음)

· 유사어

曲阜之瓢(곡부지표), 陋巷顔淵(누항안연), 簞瓢屢空(단표누공)
簞瓢陋巷(단표누항), 簞瓢自樂(단표자락)

· 유 래

子曰: "賢哉, 回也! 一簞食, 一瓢飮, 在陋巷, 人不堪其憂, 回也不改其
樂. 賢哉, 回也!"

[論語, 雍也篇]

공자가 말했다. "어질구나, 안회(顔回)여! 한 도시락의 밥과 한 표주박의
물로 더러운 거리에 살면서도 다른 모든 사람들은 그 어려움을 견디지 못
하거늘, 안회는 오히려 자신의 즐거움이 변치 않는구나. 어질도다, 안회여!"

· 심화이해

안회는 춘추시대 노(魯)나라 사람이었는데, 그는 천성이 총명하고 학업을
부지런히 연마하였다. 그는 가난을 운명인 양 받아들이고 늘 낙천적으로
살았으며 덕을 닦는데 게을리 하지 않았는데, 이를 공자가 찬탄해 마지않
은 것이 인용문의 내용이다. 결국 안회는 가난이란 것이 그의 덕행에 어
떤 영향도 주지 못했음을 보여주고 있다.

· 용 례

단사표음과 같은 구차한 생활을 누가 즐거워하랴.

斷腸(단장)

· 斷: 끊을 단   · 腸: 창자 장

• 뜻풀이

창자가 끊어질 듯한 슬픔이나 괴로움을 비유하는 말. 더할 수 없는 극심한 슬픔을 표현할 때 주로 쓴다.

• 활용형

斷腸猿(단장원), 斷腸人(단장인), 腸欲斷(장욕단)

• 유사어

九回之腸(구회지장), 愁腸碎(수장쇄), 猿聲斷客腸(원성단객장)
柔腸怯猿(유장겁원), 寸腸千縷(촌장천루), 寸寸柔腸(촌촌유장)

• 유 래

桓公入蜀, 至三峽中, 部伍中有得猨子者. 其母緣岸哀號, 行百餘里不去, 遂跳上船, 至便卽絶. 破視其腹中, 腸皆寸寸斷. 公聞之, 怒命黜其人.

[世說新語, 黜免篇]

진(晉)나라의 환온(桓溫)이라는 사람이 촉 땅을 정벌하기 위해 군사를 배에 싣고 양자강 중류의 협곡인 삼협(三峽)을 지날 때였다. 환온의 부하 한 명이 원숭이 새끼 한 마리를 붙잡아 배에 실었다. 그러자 그 어미 원숭이는 강을 따라오면서 애달프게 울어댔다. 근 백여 리를 가지 않고 쫓아오던 어미 원숭이는 배가 강가로 다가오자 재빠르게 배 안으로 뛰어올랐으나 그만 그 자리에서 죽고 말았다. 사람들이 어미 원숭이의 배를 갈라보니 창자가 마디마디 끊어져 있었다. 이 소식을 들은 환온은 크게 화가 나서, 명령하여 그 붙잡은 사람을 내쫓아 버렸다.

• 용 례

죽어가는 자식이 쾌유하기를 비는 어머니의 단장을 그 누가 알겠는가.

螳螂拒轍(당랑거철)

·螳: 사마귀 당 ·螂: 사마귀 랑 ·拒: 막을 거 ·轍: 바퀴자국 철

• 뜻풀이

사마귀가 다리를 쳐들고 수레바퀴에 대든다는 뜻. 허약한 사람이 자기의 실력이나 분수도 모르고 강한 자에게 무모하게 덤벼들거나 저돌적으로 밀어붙이는 것을 일컫는 말.

• 활용형

螳螂怒臂當拒轍(당랑노비당거철)

• 유사어

螳螂之力(당랑지력), 螳螂之斧(당랑지부), 螳螂之衛(당랑지위)
螳螂捕蟬(당랑포선), 螳臂當車(당비당거), 挾丸子(협환자)
黃雀哀(황작애)

• 참고어

螳螂窺蟬(당랑규선), 螳螂搏蟬(당랑박선), 螳螂在後(당랑재후)

• 유 래

齊莊公出獵, 有一蟲, 擧足將搏其輪, 問其御曰: "此何蟲也?" 對曰: "此所爲螳螂者也, 其爲蟲也, 知進而不知却, 不量力而輕敵." 莊公曰: "此爲人而必爲天下勇武矣." 廻車而避之.

[淮南子, 人間訓]

춘추시대 제(齊)나라 장공(莊公)이 사냥을 나갔을 때, 벌레 한 마리가 앞발을 쳐들고 수레의 바퀴에 막 덤벼들려고 하는 것을 보았다. 이에 장공이 말몰이꾼에게 물었다. "저것이 무슨 벌레이냐?" 말몰이꾼이 대답했다. "저것은 소위 사마귀라는 벌레입니다. 이 벌레는 나아갈 줄만 알고 물러설 줄을 모르며, 또 제 힘은 헤아리지도 않고 상대를 가볍게 봅니다." 그러자 장공은 이렇게 말했다. "이 벌레가 만일 사람이라면, 반드시 천하에서 날랜 무사가 되었을 것이다." 그리고는 수레를 돌려 사마귀를 피하여 가게 했다.

• 속 담

개미가 정자나무 건드린다.

계란으로 바위 치기.

물고기가 용에게 덤빈다.

물인지 불인지 모른다.

불나방이 등불에 덤빈다.

불 속에 뛰어든다.

새앙쥐가 고양이에게 덤빈다.

하룻강아지 범 무서운 줄 모른다.

• 용 례

그는 제 분수를 모르고 덤벼드니 당랑거철과 무엇이 다르겠는가.

大器晩成(대기만성)

· 大: 큰 대   · 器: 그릇 기   · 晩: 늦을 만   · 成: 이룰 성

· 뜻풀이

큰그릇은 늦게 만들어진다는 뜻. 크게 될 인물은 속히 이루어지지 않고 천천히
이루어짐을 비유하는 말. 때를 만나지 못한 사람을 형용할 때나 과거에 낙
방한 사람을 위로할 때에 쓰이기도 한다.

· 유사어

大器難成(대기난성), 大才晩成(대재만성)

· 유 래

   上士聞道, 勤而行之, 中士聞道, 若存若亡, 下士聞道, 大笑之, 不笑不
足以爲道. 故建言有之, "明道若昧, 進道若退, 夷道若纇, 上德若谷, 大
白若辱, 廣德若不足, 建德若偸, 質眞若渝, 大方無隅, 大器晩成, 大音希
聲, 大象無形." 道隱無名, 夫唯道, 善貸且成.

〔老子, 第四十一章〕

   뛰어난 사람(上士)은 도를 들으면 힘써 실천하고, 보통의 사람(中士)은
도를 들으면 반신반의하여 있는 듯 없는 듯한 태도를 취하며, 모자란 사
람(下士)은 도를 들으면 얼토당토않다고 생각해 크게 웃고 만다. 모자란
사람이 웃지 않는다면 족히 도라고 할 수 없을 것이다. 그러므로 옛 격언
에 이런 말이 있다. "밝은 도(明道)는 어두운 듯하고, 나가는 도(進道)는
물러서는 듯하고, 평탄한 도(夷道)는 험한 듯하다. 최상의 덕(上德)은 골짜
기와 같고, 너무 흰 것은 더러운 것 같고, 넓은 덕(廣德)은 부족한 것 같
고, 강건한 덕(建德)은 나약한 것 같고, 실질적인 덕(質眞)은 없는 듯하다.
큰 방형(方形)은 구석이 없고, 큰 그릇은 늦게서야 이루어지고, 큰 소리는
그 소리가 미미한 것 같고, 큰 형상은 형태가 없다." 따라서 도는 숨어 있
어 일정한 이름을 붙일 수가 없고, 무릇 도란 것은 만물에 힘을 잘 빌려
주어 만물을 생성케 하는 것이다."

· 용 례

그는 늦은 나이에 프로세계에 입문했으나 대기만성의 실력을 발휘했다.

道不拾遺(도불습유)

· 道: 길 도 · 不: 아니 불 · 拾: 주울 습 · 遺: 끼칠 유

• 뜻풀이

길에 물건이 떨어져 있어도 주워가지 않는다는 뜻. 나라가 태평하게 잘 다스려짐을 비유하는 말.

• 유사어

路不拾遺(노불습유), 堯舜之節(요순지절), 太平聖代(태평성대)

• 유 래

子産相鄭, 簡公謂子産曰: "飮酒不樂也. 俎豆不大, 鍾鼓竿瑟不鳴, 寡人之事不一, 國家不定, 百姓不治, 耕戰不輯睦, 亦子之罪. 子有職, 寡人亦有職, 各守其職." 子産退而爲政五年, 國無盜賊, 道不拾遺, 桃棗之蔭於街者莫援也, 錐刀遺道三日可反. 三年不變, 民無飢也.

[韓非子, 外儲說, 左上篇]

자산(子産)이 정(鄭)나라 재상으로 있을 때, 간공(簡公)이 자산에게 말했다. "술을 마셔도 즐겁지가 않다. 제사를 모시는데 제기(祭器)를 갖추지 못한다든지, 또는 음악으로 조상에게 제사를 드리는데 그 음악에 필요한 종이나 북이나 피리 같은 것을 갖추지 못하는 일이 있다면, 그것은 전적으로 나의 책임인 것이다. 그러나 나라가 안정되지 못하고, 백성이 다스려지지 않으며, 농부와 군인이 서로 단결하지 못하는 것은 그대의 잘못인 것이다. 그대에게는 그대의 직분이 있고, 나에게는 나의 직분이 있으니, 각각 맡은 바 직분을 다하도록 하자." 자산이 물러 나와서 정사를 다스리기를 5년 동안 하니, 나라 안에 도둑이 없어지고, 길에 물건이 떨어져 있어도 주워 가는 사람이 없고, 복숭아와 대추가 거리를 덮도록 무성해도 따는 사람이 있지 않고, 송곳과 칼이 땅에 떨어져 있어도 사흘이면 돌아오게 되었다. 자산이 이와 같이 계속 3년 동안을 변함없이 실행하니, 백성들은 굶주리는 사람이 없게 되었다.

• 용 례

이곳은 도불습유의 사상이 깃들어 있는 유서 깊은 전통의 고장이다.

東家食西家宿(동가식서가숙)

· 東: 동녘 동   · 家: 집 가   · 食: 밥 식   · 西: 서녘 서   · 宿: 묵을 숙

• 뜻풀이
동쪽에 가서 먹고 서쪽에 가서 잔다는 뜻. 일정한 거처도 먹을 곳도 없이 떠돌아다니며 여기저기서 지내는 것을 일컫는 말.

• 유 래
　開國後, 賜宰臣宴于政府, 皆前朝宰相入任新朝者也. 妓雪梅, 才貌過人, 喜淫甚. 政丞醉而戲之曰: "聞女朝食東家, 暮宿西家, 亦爲老夫薦枕?" 雪梅對曰: "以東家食西家宿之賤軀, 得侍事王氏事李氏之政丞, 豈不宜哉耶?" 政丞面赤低頭, 座中噓唏, 或墮淚.

〔鄭載崙, 閑居漫錄〕

　개국 후에 여러 신하들을 위해 의정부(議政府)에 잔치를 베풀었더니, 모두가 고려 재상들로서 조선에 들어와 벼슬을 하고 있는 사람들이었다. 기녀 설매(雪梅)는 재주와 외모가 남들보다 뛰어났으나 음탕함을 즐기는 것이 심했다. 정승들이 술에 취해서 희롱하며 말했다. "듣건대, '너는 아침에 동쪽 집에서 먹고 저녁에는 서쪽 집에서 잔다'고 하니, 또한 늙은 우리들을 위해 잠자는 것이 어떠냐?" 설매가 대답했다. "동쪽 집에서 먹고 서쪽 집에서 자는 천한 몸으로써 왕씨(고려)를 받들었다가 또 이씨(조선)를 받드는 정승을 모시는 것이 어찌 마땅하지 않겠습니까?" 이 말에 정승들은 얼굴이 붉어지고 고개를 떨구면서 좌중에는 한탄소리가 가득하고 더러는 눈물을 흘렸다.

• 속 담
금일은 충청도, 명일은 경상도.
땅을 자리로 삼고, 하늘을 이불로 삼는다.

• 용 례
나는 거처가 없어 동가식서가숙하지만 그대의 거처는 어디에 있는가?

同病相憐(동병상련)

·同: 한가지 동   ·病: 앓을 병   ·相: 서로 상   ·憐: 불쌍히 여길 련

• 뜻풀이

같은 병을 앓는 사람끼리 서로 가엾게 여긴다는 뜻. 비슷한 처지에 있는 사
람끼리 도우며 살아가는 것을 일컫는 말.

• 유사어

同氣相求(동기상구), 同類相求(동류상구), 同聲相應(동성상응)
同惡相助(동악상조), 同憂相救(동우상구), 同舟相救(동주상구)
同舟濟江(동주제강), 兩寡分悲(양과분비), 吳越同舟(오월동주)
類類相從(유유상종), 草綠同色(초록동색), 虎死兎泣(호사토읍)

• 유 래

同病相憐   同憂相救
驚翔之鳥   相隨而飛
瀨下之水   因復俱流

[吳越春秋, 闔閭內傳]

같은 병에는 서로 불쌍히 여겨,
한 가지로 근심하고 서로 구하네.
놀라서 날아오르는 새는,
서로 따르면서 날아오르고,
여울 아래 흐르는 물은,
다시 서로 함께 흐르네.

• 심화이해

전국시대 때 오(吳)나라의 광(光)은 자객 전저(專諸)를 시켜 사촌 동생인
오왕 요(僚)를 시해한 뒤 왕위에 올라 스스로를 오왕 합려(闔閭)라 일컫
고, 자객을 천거한 초(楚)나라 망명객 오자서(伍子胥)를 신임하여 등용했
다.

오자서는 초나라의 태자소부(太子少傅) 비무기(費無忌)의 모함으로 태자

대부(太子太傅)였던 아버지 오사(伍奢)와 맏형 오상(伍尙)이 처형당하자, 복수의 칼을 갈며 오나라로 피신해 온 망명객이었다. 그는 거지행세를 하며 돌아다녔는데, 그의 비범함을 알아본 피리(被離)가 오자광에게 추천했다. 그래서 그는 오자광의 반란에 적극 협조했다. 유능한 광(光)이 왕위에 오르면 그 힘으로 초나라를 쳐서 아버지와 형의 원수를 갚기 위해서였다.

마침 그때 마찬가지로 비무기의 모함으로 아버지를 잃은 백비(伯嚭)라는 사람이 오나라로 피신해 오자, 오자서는 그를 합려에게 천거하여 벼슬에 오르게 했다. 그런데 피리는 백비를 탐탁치 않게 여기어 오자서에게 어떻게 그리 쉽게 사람을 신임할 수 있는지를 묻자, 그에게 오자서가 위의 시를 읊었다고 한다. 이로부터 9년 후 합려가 초나라를 공략, 대승함으로써 오자서와 백비는 마침내 부형의 원수를 갚게 되었다. 그러나 백비가 월(越)나라에 매수되어 배신하자, 오자서는 자살하기에 이른다.

• **속 담**

과부 사정은 과부가 안다.
과부 설움은 동무 과부가 안다.
홀아비 사정은 홀아비가 안다.

• **용 례**

같은 처지에 있는 사람을 위로하고 돕는 것이 동병상련이 아니고 무엇이랴.

董狐之筆(동호지필)

· 董: 바로잡을 동　· 狐: 여우 호　· 之: 갈 지　· 筆: 붓 필

· 뜻풀이

동호의 붓이라는 뜻. 정직한 기록을 일컫는 말. 곧 권세에 굴하지 않고 사실을 있는 그대로 적어서 역사에 남기는 일을 말한다.

· 활용형

董狐史筆(동호사필), 董狐直筆(동호직필)

· 유사어

太史之簡(태사지간)

· 상대어

曲學阿世(곡학아세)

· 유　래

太史書曰: '趙盾弑其君.' 以示於朝. 宣子曰: "不然." 對曰: "子爲正卿, 亡不越竟, 反不討賊, 非子而誰?" 宣子曰: "烏呼! 詩曰: '我之懷矣, 自詒伊慽.' 其我之謂矣." 孔子曰: "董狐, 古之良史也, 書法不隱. 趙宣子, 古之良大夫也, 爲法受惡. 惜也! 越竟乃免."

[春秋左氏傳, 宣公 二年條]

사관인 동호(董狐)가 궁정기록에 '조돈(趙盾)이 그의 임금을 죽였다'고 써서 조정에 고시했다. 조선자(趙宣子: 조돈)가 말했다. "그것은 그렇지가 않다." 태사는 이에 대해 다음과 같이 말했다. "당신은 정경(正卿)이면서도 다른 나라로 도망치려다가 국경을 넘어가지 않았었고, 되돌아와서는 군주를 죽인 자를 처치하려 하지 않았으니, 이 책임자는 당신이 아니고 누구이겠습니까?" 이 말을 선자가 듣고 한탄하여 말했다. "아아! 시(詩)에 말하기를 '내가 생각을 품음에 스스로 이 근심을 남겼다'라 한 것은 나를 두고 이른 말이구나." 뒤에 공자가 이렇게 말했다. "동호는 옛날의 훌륭한 사관으로, 법을 굽히지 않고 써서 사실을 숨기지 않았다. 조선자는 옛날의 훌

룡한 대부로, 법도를 위하여 악명을 순순히 받아들이었다. 아깝도다! 그가 국경을 넘어갔더라면 이 악명을 곧 면하였을 것이다."

• 심화이해

춘추시대 진(晉)나라 영공(靈公)은 사치스럽고 무도한 군주였다. 신하인 조돈은 이에 대해 자주 간했지만, 영공은 그 직간을 듣지 않고 오히려 번거롭게 생각해 세 번이나 그를 죽이려 했다. 조돈은 하는 수 없어 영공이 살해되기 며칠 전에 망명길에 올랐으나, 국경을 넘기 직전에 영공의 살해 소식을 듣고 다시 돌아왔다. 당시, 그의 사촌형이자 대신이었던 조천(趙穿)이 포악한 영공을 살해했던 것이다.

이때의 상황을 보고 나중에 사관인 동호가 '조돈이 군주를 살해했다'고 역사에 기록하자, 이 기록을 본 조돈의 항의에 동호가 대답한 내용이 바로 인용문이다. 이 인용문은 국가의 역사를 기록하는 사관이 권세에 아부하지 않은 사실과, 조돈이 법도를 짓밟지 않고 자신의 악명을 달게 받아들이는 의리가 잘 나타나 있다.

• 용 례

사관(史官)이 권세에 아부하지 않고 있는 그대로 기록하는 것을 동호지필이라 한다.

得魚忘筌(득어망전)

· 得: 얻을 득   · 魚: 고기 어   · 忘: 잊을 망   · 筌: 통발 전

· 뜻풀이

고기를 잡고 나면 그것이 통발의 덕임을 잊어버린다는 뜻. 어떤 목적이 달성되면 그 동안 도움이 되던 것을 까맣게 잊어버리고 그 은혜에 보답하는 일조차 잊음을 비유하는 말.[20]

· 유사어

得意忘言(득의망언), 得兎忘蹄(득토망제)

· 유 래

筌者所以在魚, 得魚而忘筌. 蹄者所以在兎, 得兎而忘蹄. 言者所以在意, 得意而忘言. 吾安得夫忘言之人, 而與之言哉!

[莊子, 外物篇]

전(筌)은 물고기를 잡는 통발인데, 물고기를 잡고 나면 통발은 잊어버리고 만다. 제(蹄)는 토끼를 잡는 덫인데, 토끼를 잡고 나면 덫을 잊어버리고 만다. 말(言)은 마음에 있는 뜻을 전하는 것인데, 뜻을 얻으면 말을 잊어버리고 만다. 내 어찌 그 말을 잊어버리는 사람을 얻어, 그와 더불어 말할 것인가!

· 심화이해

개념에 얽매여 사고가 경직된 사람은 그것의 상대적인 측면에만 사로잡힐 뿐이나, 그 개념에 벗어나 절대적인 경지에 선 사람은 옳은 것도 그른 것도 없고, 선함도 악함도 없고, 아름다운 것도 추한 것도 없어 우주와 한 몸이 된다고 본 것이 장자의 생각인데, 이를 보여주는 것이 바로 인용문이다.

---

20) 이 말은 두 가지 의미로 해석할 수 있다. 하나는 사소한 일에 얽매여 큰 일을 놓치지 말아야 한다는 것이고, 또 하나는 결과 못지 않게 과정도 중시해야 한다는 것이다.

• 속 담

고기를 잡고 나면 바리를 버린다.

나 낳은 후에야 에미 묏이 바르거나 기울거나.

물을 건너면 지팡이를 버린다.

토끼를 잡고 나면 올무를 버린다.

• 용 례:

개별종교가 서로 화합하지 않고 배척하여 종교적 참 진리를 외면하는 경우를 득어망전의 경우라 할 수 있을 것이다.

목표를 이루고 나서 그 과정을 까맣게 잊어버리는 득어망전의 누를 범해서는 아니 된다.

燈火可親(등화가친)

·燈: 등잔 등   ·火: 불 화   ·可: 가할 가   ·親: 친할 친

• 뜻풀이

가을밤은 서늘하여 등불 밑에서 책읽기에 좋음을 일컫는 말.

• 유사어

新凉燈火(신량등화), 天高馬肥(천고마비)

• 유 래

時秋積雨霽   新凉入郊墟
燈火稍可親   簡編可舒卷

〔韓愈, 韓昌黎集 卷六, 符讀書城南詩〕

바야흐로 가을, 장마도 말끔히 개고,
마을과 들판엔 서늘한 바람이 불어와,
이제 등불도 가까이 할 수 있으니,
책을 펴 보는 것도 나쁘지는 않으리라.

• 심화이해

이 인용시는 당나라 한유(韓愈)가 가을이 오자 아들 창(昶)에게 성인이
남기신 글과 책들을 읽도록 권장한 시이다.

• 용 례

많은 사람들은 가을을 일컬어 등화가친이라 표현한다.

馬耳東風(마이동풍)

·馬: 말 마 ·耳: 귀 이 ·東: 동녘 동 ·風: 바람 풍

· 뜻풀이

말의 귀에 동풍이 불어와 지나간다는 뜻. 남의 말을 전혀 귀담아 듣지 않고 그대로 흘려 버리거나, 무슨 말을 들어도 전혀 느끼지 못하거나, 남의 일에 전혀 상관하지 않음을 비유하는 말.

· 활용형

東風射馬耳(동풍사마이), 馬耳春風(마이춘풍), 馬耳風(마이풍)

· 유사어

對牛彈琴(대우탄금), 袖手傍觀(수수방관), 吾不關焉(오불관언)
牛耳讀經(우이독경), 牛耳誦經(우이송경)

· 유 래

君不能狸膏金距學鬪鷄	坐令鼻息吹虹霓
君不能學哥舒橫行靑海夜帶刀	西屠石堡取紫袍
吟詩作賦北窓裏	萬言不値一杯水
世人聞此皆掉頭	有如東風射馬耳
魚目亦笑我	請與明月同

〔李白, 李太白集, 答王十二寒夜獨酌有懷〕

그대는 여우 기름 바르고 쇠발톱 끼운 투계를 배우지도 못하면서,
앉아 콧김을 내뿜으며 무지개를 가르려고 하는가.
그대는 가서한(哥舒翰)[21]이 청해 지방을 횡행하며 밤에 칼을 잡고,
서쪽으로 석보성(石堡城)을 공격해 자포를 얻은 일을 배울 수도 없네.
그러니 다만 북창에 앉아 시를 읊고 부를 짓지만,
수많은 말은 한 잔 술만도 못한 법이라.

---

21) 가서한: 가서부(哥舒部)의 후예. 안서(安西) 땅에 살았던 인물로, 전쟁에서 공을 세워 서평군왕(西平郡王)으로 봉해졌다. 안록산 난 때 정벌 장수가 되어 동관(潼關)을 지켰으나 결국 항복한 후 피살당하였다.

세상사람들은 이 시를 듣기만 해도 고개를 저으니,
마치 동풍이 말의 귀를 때리는 것과 같을 뿐이어라.
물고기 눈이 우리를 또한 비웃으며,
감히 밝은 달과 같기를 청하고 있구나.

- **심화이해**

　이 인용시는 당나라 시인 이백(李白)이 그의 친구인 왕십이(王十二)로부터 <한야독작유회(寒夜獨酌有懷: 추운 방에 홀로 술잔을 기울이며 느낀 바 있어서)>란 시 한 수를 받고 답한 시이다. 이 시에서 이백은 부귀영달에만 혈안이 되어 있는 세속 사람들에게 시문을 지어 떠들어봐야 부질없는 짓이니, 다만 현재 처해 있는 처지를 적극적으로 긍정하며 우리식대로 살아가자고 충고하고 있다.

- **속 담**

　강 건너 불 구경하듯 한다.
　남의 굿 보듯 한다.
　너하고 말하느니 개(犬)하고 말하는 것이 낫겠다.
　담벼락하고 말하는 셈이다.
　말(馬) 귀에 염불(念佛).
　쇠귀에 경 읽기.
　한 귀로 듣고, 한 귀로 흘린다.

- **용 례**

　마이동풍이라더니 너는 도무지 무슨 말도 귀담아 듣지 않는구나.

亡國之音(망국지음)

·亡: 망할 **망**　·國: 나라 **국**　·之: 갈 **지**　·音: 소리 **음**

- **뜻풀이**

　나라를 망치는 음악이란 뜻. 저속하고 사치한 음악 또는 망한 나라의 음악을 일컫는 말.

- **활용형**

　亡國之聲(망국지성)

- **유사어**

　鄭衛之音(정위지음)

- **유 래**

　昔者衛靈公將之晉, 至濮水之上, 稅車而放馬, 設舍以宿. 夜分, 而聞鼓新聲者而說之. 使人問左右, 盡報弗聞. 乃召師涓, 而告之曰: "有鼓新聲者, 使人問左右, 盡報弗聞. 其狀似鬼神, 子爲我聽而寫之." 師涓曰: "諾." 因靜坐撫琴而寫之. 師涓明日報曰: "臣得之矣, 而未習也, 請復一宿習之." 靈公曰: "諾." 因復留宿. 明日而習之, 遂去之晉. 晉平公觴之於施夷之臺. 酒酣, 靈公起曰: "有新聲, 願請以示." 平公曰: "善." 乃召師涓, 令坐師曠之旁, 援琴鼓之. 未終, 師曠撫止之曰: "此亡國之聲, 不可遂也." 平公曰: "此道奚出?" 師曠曰: "此師延之所作, 與紂爲靡靡之樂也, 及武王伐紂, 師延東走, 至於濮水而自投. 故聞此聲者, 必於濮水之上. 先聞此聲者, 其國必削, 不可遂." 平公曰: "寡人所好者, 音也, 子其使遂之."

[韓非子, 十過篇]

　옛날 춘추시대에 위(魏)나라 영공(靈公)이 진(晉)나라로 가는 도중 복수(濮水) 부근에서 수레를 끌던 말을 수레에서 풀어주고 객사를 만들어 묵게 되었다. 그날 밤중에 악기에 맞추어 아름다운 음악소리가 들려오자, 영공이 기뻐하였다. 그는 곧 사람을 시켜 사방을 찾아보도록 했으나, 모두 소리를 들을 수가 없다고 보고했다. 이에 악사인 연(涓)을 불러 말했다.

"지금 색다른 소리가 들려왔기에 사람을 시켜 사방을 찾아보도록 했으나 아무도 없다고 한다. 그 소리는 마치 귀신의 음악인 듯하니, 그대는 나를 위하여 그 곡을 들어보고 악보로 옮겨달라." 악사 연은 "알겠습니다."라고 대답했다. 그러자 영공은 조용히 앉아서 거문고를 퉁겨 그 음악소리를 들려주자 연은 악보를 만들었다. 악사 연은 그 다음날 영공에게 아뢰었다. "제가 그것을 만들기는 했습니다만 아직 완성시키지 못했으니, 원컨대 다시 하룻밤을 더 주시면 완성시키겠습니다." 영공은 "좋다"라고 허락하며, 다시 하룻밤을 기다렸다. 그 다음날 악보를 완성하여 마침내 진(晉)나라로 갔다. 진나라 평공(平公)이 영공을 위해 주연을 베풀었다. 술이 몇 순배 돌자, 영공이 일어나 말했다. "마침 이곳에 오는 길에 색다른 신기한 음악을 들었는데 한번 연주해 보았으면 합니다." 평공이 "좋습니다"라고 대답했다. 이에 영공은 악사 연을 불러 진나라의 악사 광(曠)의 옆에 앉게 하고는 거문고를 주어 켜게 했다. 그런데 곡이 채 끝나기도 전에, 악사 광은 연의 손을 잡으며 그치게 하고서 말했다. "이것은 망국의 음악이니, 끝까지 타면 아니 됩니다." 평공이 광에게 물었다. "이 곡은 어디에서 나온 것인가?" 광이 대답했다. "이 곡은 주(周)나라의 악사 연(延)이 지은 것으로서 주왕(紂王)을 위하여 만든 음탕한 음악일 뿐입니다. 주나라 무왕(武王)이 주왕을 정벌했을 때, 연은 동쪽으로 도망하여 복수까지 와서는 물에 빠져 죽었습니다. 그러므로 이 곡을 듣고자 한다면 복수 강변에서만 들을 수가 있습니다. 이 곡을 먼저 듣는 자는 반드시 그 나라가 망한다고 하니 끝까지 연주해서는 아니 됩니다." 평공이 말했다. "과인이 좋아하는 것은 음악이니, 그대는 그 곡을 끝까지 연주케 하라."

• 심화이해

평공이 악사 광(曠)의 말을 듣지 않고 악사 연(延)으로 하여금 색다른 신기한 곡을 연주하게 한 결과는 다음과 같다. 서북쪽으로 검은 구름이 피어오르고, 큰 바람이 불고 큰 비가 쏟아져, 장막을 찢고 음식상을 부수고 지붕의 기와가 떨어지는 등 이변이 일어났다. 그후 진나라에는 심한 한발이 3년 동안 계속되고, 평공은 심한 종기로 고통을 겪어야만 했다. 그로부터 머지 않아 나라가 망했다.

• 용 례

남녀상열지사는 옛날 망국지음이라 하여 점잖은 사람들은 입에 올리지 않았다.

麥秀之嘆(맥수지탄)

·麥: 보리 **맥**   ·秀: 팰 **수**   ·之: 갈 **지**   ·嘆: 탄식할 **탄**

• 뜻풀이

보리가 자라는 것을 보고 탄식한다는 뜻. 고국의 멸망을 한탄함을 일컫는 말.

• 활용형

麥秀(맥수), 悲麥秀(비맥수), 黍離麥秀之歎(서리맥수지탄)

• 유사어

亡國之歎(망국지탄), 亡國之恨(망국지한), 麥秀黍油(맥수서유)
麥秀之詩(맥수지시)

• 유 래

　於是武王乃封箕子於朝鮮, 而不臣也. 其後箕子朝周, 過故殷虛, 感宮室
毁壞, 生禾黍, 箕子傷之, 欲哭則不可, 欲泣爲其近婦人, 乃作麥秀之詩
以歌詠之. 其詩曰:

麥秀漸漸兮　　　　　　禾黍油油
彼狡僮兮　　　　　　　不與我好兮

所謂狡童者, 紂也. 殷民聞之, 皆爲流涕.

　　　　　　　　　　　　　　　　　　　〔史記, 宋微子世家〕

　이때 무왕은 기자를 조선왕으로 봉하여, 그를 신하의 신분으로 대하지
않았다. 그 이후 기자가 주왕(周王)을 배알하기 위하여 옛 은(殷)나라의
도읍지를 지나가다가, 궁전 터는 이미 황폐해지고 거기에 보리와 잡초가
무성하게 자라고 있는 것을 보고 슬픈 생각이 들어 소리내어 울려고 했으
나 울지 못했다. 울고자 하니 그것은 아녀자의 꼴이 되는 듯하여, 맥수지
시(麥秀之詩)를 지어 불렀다. 그 노래는 다음과 같다.

　　보리이삭은 무럭무럭 자라고,

벼와 기장도 무성하구나.
저 사나운 동자가,
나의 말을 듣지 않은 탓이로다.

　여기서 교동(狡童)이라고 일컬은 것은 주(紂)를 말함이다. 은나라 백성들은 그 노랫소리를 듣고는 모두가 눈물을 흘렸다.

• 심화이해

　은나라 마지막 임금이었던 주(紂)는 포악하기 짝이 없는 군주였다. 그는 간신들의 꼬임에 빠져 폭정을 일삼았다. 이에 대해 충언을 마지않은 세 신하가 있었으니, 미자(微子)·기자(箕子)·비간(比干)이 바로 그들이다. 미자는 주왕의 이복형으로 주에게 충간을 해도 듣지 않자 자기의 죽음으로 인해 제사가 끊길까 염려하여 국외로 망명했으며, 기자는 주왕의 친척으로 다른 나라에 망명하여 미친 사람 행세를 하며 세상에서 숨었으며, 비간도 주왕의 친척으로 죄없는 백성들을 생각해 끝까지 충간하다가 능지처참을 당하였다. 그러다가 주나라 무왕(武王)에 의해 은나라가 멸망된 뒤, 무왕은 미자와 기자의 인품을 흠모해서 미자는 송(宋)의 왕으로, 기자는 조선(朝鮮)의 왕으로 봉했다.

　그런데 몇 해가 지나 오랜만에 은나라의 도읍을 찾은 기자는 비애에 젖지 않을 수 없었다. 그 화려하고 번화했던 도읍지의 흔적은 없어지고, 그 곳에는 보리와 기장이 무성하게 자란 폐허로 변해 있었던 것이다. 이를 본 기자는 세상사의 무상함과 지난날의 감회에 젖어 노래를 짓는 상황이 바로 인용문이다.

• 용 례

　개경을 지나며 읊조린 길재의 시조에는 이미 망해버린 고려 왕조에 대한 맥수지탄이 담겨 있다.

孟母三遷(맹모삼천)

·孟: 맏 맹   ·母: 어미 모   ·三: 석 삼   ·遷: 옮길 천

• 뜻풀이

맹자의 어머니가 맹자의 교육을 위해 세 번 이사함을 일컫는 말. 교육과 환경의 불가분의 관계를 강조하는 말이다.

• 활용형

孟母三徙(맹모삼사), 孟母三遷之敎(맹모삼천지교), 三遷之敎(삼천지교)

• 유사어

斷機之敎(단기지교), 孟母斷機(맹모단기), 慈母之敎(자모지교)

• 유 래

  鄒孟軻母, 其舍近墓. 孟子少嬉遊, 爲墓間之事, 孟母曰: "此非吾所以居處子也", 乃去舍市傍. 其嬉戲, 乃賈人衒賣之事, 又曰: "此非吾所以居處子也." 復徙舍學宮之傍. 其嬉戲, 乃設俎豆, 揖讓進退, 孟母曰: "眞可以居吾子矣", 遂居.

[劉向, 列女傳, 母儀傳]

  추(鄒)나라 맹자와 어머니가 산 집은 묘지 근처에 있었다. 어린 맹자가 노는데, 묘지에서 장례를 치르는 모습을 보고 곡을 하거나 관을 묻는 흉내를 내며 놀았다. 이를 본 맹자의 어머니는 생각했다. "이곳은 내가 아이를 키울 만한 곳이 못된다." 그리하여 집을 시장 근처로 옮겼다. 그랬더니 맹자가 노는데, 장사치들이 물건을 사고 파는 흉내를 내며 놀았다. 또 맹자의 어머니는 생각했다. "이곳도 내가 아이를 키울 만한 곳이 못된다." 다시 서당 근처로 집을 옮겼다. 그랬더니 맹자가 노는데 제구(祭具)를 늘어놓고 제사 지내는 흉내를 내며 놀았다. 맹자의 어머니는 생각했다. "이곳이야말로 자식을 기르기에 진실로 좋은 곳이다." 그리고는 마침내 그곳에 살았다.

- **속 담**

   사람은 낳으면 서울로 보내고, 우마(牛馬)는 낳으면 상산(上山)에 두라.

   소 새끼는 제주로 보내고, 사람의 새끼는 서울로 보내라.

   호랑이 새끼는 산에서 커야 하고, 사람의 새끼는 글방에서 커야 한다.

- **용 례**

   너의 교육을 위해 쏟은 어머니의 정성은 참으로 맹모삼천에 뒤지지 않을 것이다.

明鏡止水(명경지수)

·明: 밝을 명   ·鏡: 거울 경   ·止: 그칠 지   ·水: 물 수

• 뜻풀이
맑은 거울과 같이 고요한 물이라는 뜻. 흔들림 없이 아주 맑고 고요한 심경을
일컫는 말.

• 유사어
雲心月性(운심월성), 平易淡白(평이담백)

• 유 래
　申徒嘉, 兀者也, 而與鄭子産同師於伯昏无人. 子産謂申徒嘉曰: "我先
出則子止, 子先出則我止." 其明日, 又與合堂同席而坐. 子産謂申徒嘉
曰: "我先出則子止, 子先出則我止. 今我將出, 子可以止乎, 其未邪? 且
子見執政而不違, 子齊執政乎?" 申徒嘉曰: "先生之門, 固有執政焉, 如
此哉? 子而悅子之執政, 而後人者也? 聞之曰: '鑑明則塵垢不止, 止則不
明也. 久與賢人處, 則無過.' 今子之所取大者, 先生也, 而猶出言若是, 不
亦過乎?"

〔莊子, 德充符篇〕

　신도가(申徒嘉)는 형벌로 발이 잘린 사람인데, 정자산(鄭子産)과 함께 백
혼무인(伯昏無人)22)을 스승으로 섬겼다. 자산이 신도가에게 말했다. "내가
먼저 하직 인사를 하고 나가면 자네가 뒤에 남아 있고, 자네가 먼저 나가
면 내가 남아 있겠네." 그 다음날 또 강당에서 만나 동석하여 앉았다. 자
산이 신도가에게 말했다. "내가 먼저 하직 인사를 하고 나가면 자네가 남
아 있게. 자네가 먼저 나가면 내가 남겠네. 이제 내가 나가려는데 자네가
남아 주겠는가 못하겠는가? 또한 자네는 집정(執政)인 나를 보고서도 경
의를 표하고 피하려 하지를 않으니 자네가 집정인 나와 동등한가?" 신도

---

22) 백혼무인: 실제 인물이 아니라 가공적 인물.

가가 말했다. "선생님의 문하에서 자네가 말한 집정 따위가 언제부터 있는가? 자네는 자신이 집정인 것을 내세워 남을 업신여기는 자일세. 나는 이런 것을 들은 적이 있네. '거울이 밝게 닦여 있으면 티끌과 먼지가 앉지 못한다. 티끌과 먼지가 앉아 있다면 거울이 밝지 못한 것이다. 마찬가지로 어진 사람과 오래도록 함께 있으면 마음이 밝아져 허물이 없게 된다.' 지금 자네가 취한 큰 것은 바로 선생님이다. 그런데도 오히려 이런 식으로 말을 하다니 이 또한 허물이 아니겠는가?"

常季曰: "彼兀者也, 而王先生, 其與庸亦遠矣. 若然者, 其用心也, 獨若之何?" 仲尼曰: "死生亦大矣, 而不得與之變, 雖天地覆墜, 亦將不與之遺. 審乎無假, 而不與物遷, 命物之化, 而守其宗也." 常季曰: "何謂也?" 仲尼曰: "自其異者視之, 肝膽楚越也. 自其同者視之, 萬物皆一也. 夫若然者, 且不知耳目之所宜, 而遊心乎德之和, 物視其所一, 而不見其所喪, 視喪其足, 猶遺土也." 常季曰: "彼爲己, 以其知得其心. 以其心得其常心, 物何爲最之哉?" 仲尼曰: "人莫鑑於流水, 而鑑於止水, 唯止能止衆止."

〔莊子, 德充符篇〕

상계(常季)가 물었다. "왕태(王駘)는 죄를 지어 다리를 잘린 사람인데도 선생님보다 낫다 하니 보통 사람들로서는 근처에도 못 가겠군요. 그렇다면 그 사람의 마음 쓰는 법은 무엇과 같습니까?" 공자가 이에 대답했다. "죽고 사는 것이 또한 큰일이지만 그것으로 그를 변화시킬 수가 없다. 비록 하늘과 땅이 엎어지고 꺼져도 그것과 함께 그는 멸망하지 않는다. 생명의 참모습을 살펴 사물과 더불어 변천하지 않고, 사물의 변화를 조정하면서 자기 근본의 도를 지키는 사람이다." 이에 다시 상계가 물었다. "그것이 무슨 말씀입니까?" 공자가 다시 대답했다. "모든 것을 다른 각도에서 보면 비슷한 肝과 膽도 초나라와 월나라와의 거리만 하고, 모든 것을 같은 입장에서 보면 만물이 모두 하나란다. 왕태가 그러한 경우에 이른 것은 귀와 눈의 즐거움을 알려고 하지 않고 마음을 덕의 조화에 노닐었고, 만물은 하나라는 점을 볼뿐이지 그 득실을 보지 않았기 때문에, 다리 하나 없는 정도는 흙 한 덩이쯤 잃어버린 것으로 여긴다." 상계가 다시 물었다. "그는 자기 자신을 닦은 터라 자기의 지혜로써 자기 마음을 이해했고, 그 이해한 마음으로써 영원불변의 마음을 얻었습니다. 그런데 어째서 다른 사람들은 그를 최고라고 여깁니까?" 공자가 대답했다. "사람들은 자신의 모습을 흘러가는 물에서는 비춰 볼 수가 없고, 고요히 멈추어 있는 물에서는 비춰 볼 수 있다. 오직 고요한 사람만이 고요함을 바라는 뭇사람들을 고요하게 할 수 있는 것이다."

- **심화이해**

   백혼무인(伯昏無人)의 같은 문하의 신도가(申徒嘉)가 집정(執政)인 자신을 업신여긴다고 생각해 항의하자, 이에 대해 정자산(鄭子産)이 신도가에게 대답한 것이 앞부분 인용문이다.

   그리고 노(魯)나라에 죄를 지어 다리가 잘린 왕태(王駘)라는 사람이 있었는데, 그를 따라 배우는 사람의 수가 공자의 제자 수와 비슷했다. 그 까닭에 대해 공자의 제자 상계(常季)와 공자가 서로 문답한 것이 뒷부분 인용문이다.

- **속 담**

   닦은 거울이다.

- **용 례**

   산 위로 떠오른 보름달을 마주하며 홀로 고요히 묵상에 잠기노라니, 마음이 명경지수처럼 담담해졌다.

明哲保身(명철보신)

· 明: 밝을 명   · 哲: 밝을 철   · 保: 지킬 보   · 身: 몸 신

· 뜻풀이

사리를 잘 알아 처신을 잘 한다는 뜻. 성급하게 시류에 휘말려들지 않고 사
리에 밝아 이치에 맞게 온전히 처신하여 몸을 보전하는 것을 일컫는 말.

· 유 래

肅肅王命　　　　　仲山甫將之
邦國若否　　　　　仲山甫明之
既明且哲　　　　　以保其身
夙夜匪解　　　　　以事一人

〔詩經, 大雅篇, 蕩之什, 蒸民〕

지엄하신 어명을,
중산보가 받들어 행하네.
나라의 정치가 잘되고 못됨을,
중산보가 밝혔네.
지혜로운데다 사리에 밝아서,
자기 자신을 잘 처신하네.
밤낮으로 게으르지 아니하고,
오로지 임금 한 분을 섬기네.

· 심화이해

주(周)나라 11대 선왕(宣王) 때의 명재상 중산보(仲山甫)의 덕을 찬양한
시이다. 특히 이 시의 제4연인 인용문은 중산보(仲山甫)가 임금의 명을 받
들어 제(齊)나라에 가서 성을 쌓으려고 출발하는 것을 윤길보(尹吉甫)가
전송하면서 지은 노래라고 한다.

· 속 담

길이 아니거든 가지를 말고, 말이 아니거든 듣지를 말라.

· 용 례

사화가 기승을 부리자, 많은 선비들은 강호에 묻혀 명철보신의 길을 걸었다.

矛盾(모순)

·矛: 창 모   ·盾: 방패 순

• 뜻풀이
세상에서 가장 날카로운 창과 가장 견고한 방패라는 뜻. 말이나 행동의 앞
뒤가 서로 맞지 않음을 뜻하는 말.

• 활용형
矛盾撞着(모순당착)

• 유사어
二律背反(이율배반), 先後撞着(선후당착), 自家撞着(자가당착)
自己矛盾(자기모순)

• 유 래
楚人有鬻盾與矛者, 譽之曰: "吾盾之堅, 莫能陷也." 又譽其矛曰: "吾矛
之利, 於物無不陷也." 或曰: "以子之矛, 陷子之盾, 何如?" 其人弗能應
也.

[韓非子, 難一篇]

방패와 창을 파는 초나라 사람이 있었다. 방패를 들고 자랑했다. "나의
방패의 견고함은 어떤 것으로도 능히 뚫을 수 없다." 또 그는 창을 들고
자랑했다. "나의 창의 날카로움은 어떤 물건인들 뚫지 못하는 것이 없다."
이런 자랑을 들은 어떤 사람이 그에게 물었다. "당신의 창으로써 당신의
방패를 뚫으면 어떻게 되겠소?" 그 사람은 아무런 응답도 할 수 없었다.

• 심화이해
유자(儒者)들은 요(堯)임금과 순(舜)임금을 덕치(德治)를 행한 성군으로
보고 있다. 그런데 순임금이 요임금 시절의 잘못되고 피폐한 풍속을 바로
잡은 실례를 들어 유자들의 모순을 지적하고자 한비자가 하나의 예를 든
것이 바로 인용문이다. 순임금이 당시 풍속에서 바로잡을 것이 있었다면
이는 성인이신 요임금이 정치를 잘못한 것이고, 만약 바로잡을 것이 없었

다면 순임금은 성군이 될 수 없음을 은연중에 드러내고 있는 것이 인용문이기 때문이다. 결국 한비자는 이 모순의 이야기를 통해 당시 유자들의 덕치주의를 비판하고 대신 법치주의를 주장하고자 한 것이다.

• 용 례

　지금 너의 변명이 네 행동의 모순을 감추기 위한 것임을 나는 잘 알고 있다.

武陵桃源(무릉도원)

· 武: 굳셀 무 · 陵: 언덕 릉 · 桃: 복숭아 도 · 源: 근원 원

• 뜻풀이

무릉에 있는 복숭아 숲의 근원이라는 뜻. 속세와 완전히 동떨어진 별천지를 일컫는 말.

• 유사어

桃源境(도원경), 桃花源(도화원), 別世界(별세계), 仙境(선경)
理想鄕(이상향), 壺中天地(호중천지)

• 유 래

晉太元中, 武陵人, 捕魚爲業, 緣溪行, 忘路之遠近, 忽逢桃花林, 夾岸數百步, 中無雜樹, 芳草鮮美, 落英繽紛, 漁人甚異之. 復前行, 欲窮其林. 林盡水源, 便得一山. 山有小口, 髣髴若有光, 便捨船, 從口入. 初極狹, 纔通人, 復行數十步, 豁然開朗. 土地平曠, 屋舍儼然. 有良田·美池·桑·竹之屬, 阡陌交通, 雞犬相聞. 其中往來種作, 男女衣著, 悉如外人, 黃髮·垂髫, 並怡然自樂. 見漁人, 乃大驚, 問所從來, 具答之. 便要還家, 設酒·殺雞·作食. 村中聞有此人, 咸來問訊. 自云, "先世避秦時亂, 率妻子邑人來此絶境, 不復出焉, 遂與外人間隔." 問今是何世, 乃不知有漢, 無論魏·晉. 此人一一爲具言所聞, 皆歎惋. 餘人各復延至其家, 皆出酒食. 停數日, 辭去. 此中人語云, "不足爲外人道也." 旣出, 得其船, 便扶向路, 處處誌之. 及郡下, 詣太守, 說如此, 太守卽遣人隨其往, 尋向所誌, 遂迷不復得路.

[陶淵明, 桃花源記]

진(晉)나라 태원(太元: 孝武帝) 때 무릉에 한 어부가 살고 있었다. 어느날 그 어부는 계곡의 냇물을 따라 배를 저어 갔는데 얼마나 멀리 왔는지 길을 잊어버렸다. 헤매는데 홀연히 계곡 양쪽 언덕에 수백 보나 되는 복숭아 숲이 펼쳐져 있었다. 숲 속에는 잡목이 전혀 없고 향기로운 풀들이 아

름답고, 복사꽃잎이 하늘하늘 춤추며 파란 풀밭에 내려앉고 있어서, 어부는 매우 이상히 여겼다. 다시 앞으로 배를 저어 가서 그 숲의 끝까지 가 보려고 했다. 수원(水源) 근처에서 북숭아 숲은 끝났는데, 거기서 산과 마주쳤다. 그 산에는 조그만 굴이 있었는데 희미한 빛이 있어, 배에서 내려 굴속으로 들어갔다. 굴 입구는 너무 협소해서 한 사람이 겨우 들어갈 정도였으나 수십 보를 가니 확 트였다. 토지가 펼쳐져 있고 집들이 정연하게 늘어서 있었다. 좋은 사냥터, 아름다운 연못, 뽕나무, 대나무 등이 있고, 밭의 길이 사방으로 나 있고, 닭과 개의 울음소리가 들려왔다. 그리고 오가며 씨를 뿌리는 남녀는 모두 이색적인 복장을 하였고, 노인과 어린이들도 모두가 즐거워 보였다. 서서 구경하고 있는 어부를 본 사람은 크게 놀라며 '어디서 왔느냐?'고 물었고, 어부는 자세히 대답했다. 곧 그는 어부에게 자기 집으로 오기를 청하고는 주안상을 차리고 닭을 잡아서 음식을 마련했다. 마을 사람들은 어부가 왔다는 소식을 듣고 모두가 와서 이렇게 캐물었다. "우리는 조상이 진(秦)나라 때 난리를 피해 처자식과 마을사람들을 거느리고 이곳으로 온 이래 한 번도 여기서 나가지 않아 외부 사람의 내왕이 끊기고 말았습니다."고 먼저 말하고는 "지금 바깥 세상은 어떠합니까?"고 물었다. 그들은 진나라가 망하고 한(漢)나라임을 알지 못하니 위(魏)·진(晉)은 말할 것도 없었다. 어부는 하나 하나 그들을 위해서 들은 바를 자세히 말해주니, 모두가 탄식하고 놀랐다. 다른 사람들도 모두 자신의 집으로 오기를 청해 술과 음식을 내놓았다. 며칠 잘 묵고 인사를 하고 떠났다. 마을사람들이 어부에게 말했다. "외부 사람들에게 이곳에 대해 말하지 마십시오." 배를 두었던 곳으로 나와 전에 왔던 길을 되짚어 가면서 여기저기에 표시를 남겨 두었다. 군청 소재지에 도착하여 어부는 태수를 찾아가 자기가 겪은 이야기를 했다. 이를 들은 태수가 사람을 시켜 어부가 갔던 길을 따라 이전에 표시한 것을 찾게 하였으나, 끝내 표시해 두었던 것이 없어져 길을 찾을 수가 없었다.

- **용 례**

  사람마다 모두 무릉도원을 찾으면서도, 그것이 정작 자신들의 마음속에 있음을 알지 못한다.

巫山之夢(무산지몽)

·巫: 무당 무   ·山: 뫼 산   ·之: 갈 지   ·夢: 꿈 몽

• **뜻풀이**
무산에서 꾼 꿈이라는 뜻. 남녀의 밀회나 정교(情交)를 일컫는 말.

• **활용형**
巫山之雨(무산지우), 巫山之雲(무산지운)

• **유사어**
槐夢(괴몽), 槐安夢(괴안몽), 南柯夢(남가몽), 南柯一夢(남가일몽)
南柯之夢(남가지몽), 陽臺之夢(양대지몽), 一場春夢(일장춘몽)
朝雲暮雨(조운모우), 薦枕席(천침석), 邯鄲之夢(한단지몽)

• **유래**
　昔者楚襄王, 與宋玉遊於雲夢之臺, 望高唐之館, 其上獨有雲氣, 崒兮直
上, 忽兮改容, 須臾之間, 變化無窮. 王問玉曰: "此何氣也?"玉對曰: "所
謂朝雲者也."王曰: "何謂朝雲?"玉曰: "昔者先王嘗遊高唐, 怠而晝寢,
夢見一婦人曰: '妾巫山之女也, 爲高唐之客, 聞君遊高唐, 願薦枕席.'王
因幸之. 去而辭曰: '妾在巫山之陽, 高丘之岨, 旦爲朝雲, 暮爲行雨, 朝朝
暮暮, 陽臺之下.'旦朝視之如言. 故爲立廟　號曰朝雲."

［文選, 宋玉, 高唐賦並序］

　옛날에 초(楚)나라 양왕(襄王)이 송옥(宋玉)을 데리고 운몽(雲夢)의 누대
에서 놀았다. 그때 고당관(高唐館)을 바라보니 그 위에만 구름이 몰려 있
었는데, 그 구름은 갑자기 높이 솟아오르는가 싶더니 홀연히 모양을 바꾸는
등 짧은 시간에 변화가 끝이 없었다. 양왕이 송옥에게 물었다. "저것은 무
슨 기운인가?"송옥이 대답했다. "이른바 조운(朝雲)이라는 것입니다."왕
이 또 물었다. "무엇을 조운이라 말하는가?"송옥이 대답했다. "옛날에 선
왕이신 회왕(懷王)께서 일찍이 고당관에 노니셨을 때 피곤하셔서 낮잠을
주무셨습니다. 그때 꿈속에 한 여인이 나타나서 이렇게 말했다고 합니다.

'나는 무산(巫山)의 여신(女神)입니다. 우연히 고당관을 찾아왔다가 당신이 오셨다는 말씀을 듣고 왔으니 함께 베개를 베고 잠을 잤으면 합니다.' 회왕께서는 이로 인해 그 여자와 잠자리를 같이했습니다. 이윽고 떠날 때가 되자 그 여자는 이렇게 이별의 말을 했습니다. '저는 무산 남쪽의 험한 벼랑에 살고 있습니다. 아침에는 아침 구름이 되고 저녁때는 지나가는 비가 되어 아침저녁마다 양대(陽臺) 아래에 있을 것입니다.' 다음날 아침에 회왕께서 무산의 남쪽을 바라보시자, 과연 여자의 말과 같았습니다. 그래서 그곳에 묘당을 짓고 그 이름을 '朝雲'이라고 하신 것입니다."

• 용 례

그 왕은 우연히 만난 아름다운 여인과의 무산지몽에 빠져 국사를 제대로 돌보지 않았다.

刎頸之交(문경지교)

·刎: 목벨 문   ·頸: 목 경   ·之: 갈 지   ·交: 사귈 교

- **뜻풀이**

  목에 칼이 들어와도 변하지 않는 사귐이란 뜻. 절친한 사이 또는 그런 벗을
  일컫는 말.

- **활용형**

  刎頸之契(문경지계)

- **유사어**

  肝膽相照(간담상조), 膠漆之交(교칠지교), 管鮑之交(관포지교)

  金蘭之契(금란지계), 斷金之契(단금지계), 莫逆之友(막역지우)

  伯牙絶絃(백아절현), 生死之交(생사지교), 水魚之交(수어지교)

  竹馬故友(죽마고우), 芝蘭之交(지란지교), 知音(지음), 兄弟之誼(형제지의)

- **유래**

  相如出, 望見廉頗, 相如引車避匿. 於是舍人相與諫曰:"臣所以去親戚而
  事君者, 徒慕君之高義也. 今君與廉頗同列, 廉君宣惡言, 而君畏匿之, 恐
  懼殊甚. 且庸人尙羞之, 況於將相乎! 臣等不肖, 請辭去." 藺相如固止之,
  曰:"公之視廉將軍孰與秦王?"曰:"不若也."相如曰:"夫以秦王之威, 而
  相如廷叱之, 辱其羣臣, 相如雖駑, 獨畏廉將軍哉? 顧吾念之, 彊秦之所以
  不敢加兵於趙者, 徒以吾兩人在也. 今兩虎共鬪, 其勢不俱生. 吾所以爲此
  者, 以先國家之急而後私讎也." 廉頗聞之, 肉袒負荊, 因賓客至藺相如門
  謝罪. 曰:"鄙賤之人, 不知將軍寬之至此也." 卒相如驩, 爲刎頸之交.

  [史記, 廉頗藺相如列傳]

  어느날 인상여(藺相如)가 외출했는데, 멀리 염파(廉頗)의 모습이 보였다.
  상여는 수레를 옆길로 돌려 염파가 지날 때까지 숨어 있었다. 그러자 상여
  의 부하들이 말했다. "저희들이 친척을 제쳐두고 어른을 모시며 따르는 것
  은 어른의 높은 의리를 숭모하기 때문입니다. 그런데 지금 어른은 염파 장
  군과 같은 서열에 계시면서 그가 욕을 하는데도 두려워 피해 숨으실 뿐만
  아니라 지나칠 정도로 무서워하고 계십니다. 이는 저희 같은 보통사람들도

부끄러워하는 바인데, 하물며 장군이나 대신들은 어떻게 생각하겠는지요? 못난 저희들은 이만 하직하고 물러나고자 합니다." 인상여는 그들을 끝내 만류하며 말했다. "자네들은 염장군이 진나라 왕을 이기리라고 보는가?" 부하들이 대답했다. "염장군은 진왕에 미치지 못합니다." 상여가 이어서 말했다. "그 진왕의 위세도 아무렇지 않게 생각하여 나는 진왕을 꾸짖고, 또 그의 여러 신하들에게 수치를 주었었다. 내가 아무리 우둔하다고는 하지만 어찌 염장군을 두려워하겠는가? 지금의 상황을 돌이켜 생각해 보면, 저 강국인 진나라가 우리 조(趙)나라를 공격하지 못하는 것은 오직 우리 두 사람이 있기 때문이다. 지금 두 마리의 호랑이가 서로 싸운다면, 그 형세는 자연 함께 죽음에 이를 것이다. 내가 이렇게 염장군을 피하는 이유는 국가의 위급함을 먼저 생각하고 개인적인 원한은 뒤로 돌리기 때문인 것이다." 염파가 이 이야기를 듣고는 크게 부끄러워하여, 그는 어깨를 드러내어 가시나무 채찍을 등에 지고서 인상여의 집 문 앞에 이르러 사죄했다. "대단치 못한 이 천한 저를, 장군께서 이렇게까지 관대히 대하리라고는 알지 못했습니다." 마침내 두 사람은 서로 더불어 화해하며 문경지교(刎頸之交)를 맺었다.

• 심화이해

인상여(藺相如)는 조나라 혜문왕(惠文王) 때 무현(繆賢)의 식객에 지나지 않았다. 그러나 이른바 화씨지벽(和氏之璧)이라는 보물을 잘 지켜 귀국한 공으로 일약 상대부(上大夫)가 되었다. 그후 3년째 되던 해에 진나라 소양왕(昭襄王)과 조나라 혜문왕이 민지(澠池)에서 회견을 가졌는데, 이때 인상여가 혜문왕을 동행하여 보좌했다. 그는 소양왕이 혜문왕을 욕보이려 하자 당당하게 가로막고 나서서 소양왕에게 대항해 하마터면 수치를 당할 뻔한 혜문왕의 위신을 세워주었다. 이 공로로 그는 다시 상경(上卿)의 자리에 올랐다. 이로써 조나라 명장으로 널리 알려진 염파(廉頗)보다 더 높은 지위에 올랐던 것이다. 그러자 염파는 인상여에 대한 불만을 털어놓았다. 이때부터 인상여는 병을 핑계로 조정에도 나가지 않았고, 길을 가다가도 염파가 보이면 일부러 피했다. 이런 비굴한 태도에 인상여의 부하들이 불쾌하게 생각하며 떠나려고 하자, 그 이유를 설명하고 있는 것이 유래의 인용문이다.

• 용 례

그는 곤경에 처해서야 비로소 자신에게 한 사람의 문경지교도 없음을 깨달았다.

聞一知十(문일지십)

·聞: 들을 문 ·一: 한 일 ·知: 알 지 ·十: 열 십

• 뜻풀이

하나를 들으면 열을 미루어 안다는 뜻. 재능이나 학문이 매우 뛰어난 사람을
일컫는 말.

• 상대어

得一忘十(득일망십)

• 유 래

子謂子貢曰: "女與回也, 孰愈?" 對曰: "賜也, 何敢望回? 回也, 聞一以
知十, 賜也, 聞一以知二." 子曰: "弗如也. 吾與女, 弗如也."

〔論語, 公冶長〕

어느날 공자는 자공에게 물었다. "자네와 안회(顔回) 중 누가 더 낫다고 생
각하는가?" 자공이 대답했다. "제가 어찌 감히 안회를 넘볼 수 있겠습니까?
안회는 하나를 들으면 열을 알지만, 저는 하나를 들으면 둘을 알뿐입니다."
공자가 말했다. "그렇지, 같지 못하지. 나와 자네 모두 안회만 못하다네."

• 심화이해

공자의 제자 중에서 후세에 이름을 남긴 제자는 70명 정도 된다고 한다.
그중 자공은 재산을 모으는데 남다른 재주를 지녀 공자가 천하를 돌아다
니며 뜻을 펴고자 할 때 그 경비의 대부분을 조달했다. 반면에 안회는 비
록 가난했지만 덕과 학문이 제자 중에서 가장 뛰어났다. 그런데 공자는
자공을 안회보다 다소 떨어진다고 생각했으며, 자공 역시 자기가 안회보다
못하다는 사실을 인정하는 것이 바로 인용문의 내용이다.

• 속 담

하나를 들으면 백을 통한다.

• 용 례

길동이는 어린 시절에 이미 문일지십의 비범함으로 주위를 놀라게 했다.

門前成市(문전성시)

·門: 문 문　·前: 앞 전　·成: 이룰 성　·市: 저자 시

• 뜻풀이

문 앞이 시장을 이룬다는 뜻. 방문객으로 시장을 이루다시피 붐비는 광경을 일컫는 말.

• 유사어

門前如市(문전여시), 門前若市(문전약시), 門庭如市(문정여시)

• 상대어

門外可設雀羅(문외가설작라), 門前雀羅(문전작라)

• 유　래

　尙書令趙昌佞諂, 素害崇, 知其見疏, 因奏崇與宗族通, 疑有姦, 請治. 上責崇曰: "君門如市人, 何以欲禁切主上?" 崇對曰: "臣門如市, 臣心如水. 願得考覆." 上怒, 下崇獄, 窮治, 死獄中.

〔漢書, 孫寶傳〕

　상서령 조창은 아첨하기를 좋아했는데 평소 정숭(鄭崇)을 몹시 미워했다. 조창은 애제(哀帝)와 정숭 사이가 소원함을 알고는, '정숭이 왕실의 많은 사람들과 내통하면서 음모를 꾸미고 있다'고 아뢰며 징치할 것을 청했다. 애제가 정숭을 꾸짖어 말했다. "그대의 집 문 앞에는 저자거리처럼 사람들이 붐빈다고 하는데, 무엇 때문에 주상(主上)을 금하여 끊으려 하는가?" 정숭이 대답했다. "저의 집 문 앞에 저자거리와 같이 아첨하는 무리들로 붐빈다 할지라도 저의 마음은 물과 같이 깨끗합니다. 그러니 진상을 조사해 보시기를 바라나이다." 애제가 화가 나서 정숭을 하옥시키고 관직을 박탈하였으며, 결국 정숭은 옥중에서 죽고 말았다.

• 심화이해

　한(漢)나라 애제(哀帝)는 정치를 외척에게 일임함으로써 정치적 실권이 외척들에게 넘어가 그들의 전횡이 심각한 지경에 이르렀다. 뿐만 아니라

여색에 탐닉했던 애제가 미소년인 동현(董賢)과 사랑에 빠지자 보다못한 명신 정숭(鄭崇)은 애제에게 누차 간하여 이를 바로잡고자 시도했다. 그러나 애제는 더 이상 그의 말에 귀를 기울이지 않으려고 했다. 이때를 틈타 상서령 조창(趙昌)이 정숭을 모함한 것이 인용문의 내용이다.

•용 례

인사철이 다가오자 선물을 들고 찾아오는 손님들로 그의 집은 문전성시를 방불케 했다.

尾生之信(미생지신)

· 尾: 꼬리 미   · 生: 날 생   · 之: 갈 지   · 信: 믿을 신

● 뜻풀이

미생의 믿음이란 뜻. 우직하게 지키는 약속을 일컫거나 고지식하여 융통성이 없음을 비유하는 말.

● 활용형

尾生抱柱(미생포주)

● 유사어

膠柱鼓瑟(교주고슬), 抱柱之信(포주지신)

● 유래

尾生與女子期於梁下, 女子不來, 水至不去, 抱梁柱而死.

〔莊子, 盜跖篇〕

어느날 미생(尾生)은 사랑하는 여인과 개울의 다리 밑에서 만나기로 약속을 했으나, 여자는 오지 않았다. 그러나 그는 개울물이 점점 불어도 꼼짝도 않고 기다리면서 다리 기둥을 잡고 버텼지만 끝내 죽고 말았다.

● 용례

남들은 미생지신이라 비웃을지 모르지만, 꼭 다시 돌아온다던 그의 말을 나는 믿는다.

反哺之孝(반포지효)

·反: 돌이킬 **반**　·哺: 먹일 **포**　·之: 갈 **지**　·孝: 효도 **효**

• 뜻풀이

　까마귀 새끼가 자라서 그 어버이에게 먹이를 갖다주는 효란 뜻. 자식이 부
　모의 은혜에 보답함을 비유하는 말.

• 유사어

　反哺報恩(반포보은)

• 유 래

　禽經張華注: '慈烏曰孝烏, 長則反哺其母.'

[事文類聚]

　금경장화(禽經張華)의 주(注)를 보면, 자오(慈烏: 인자한 까마귀)를 효조
(孝鳥)라 하는 것은 새끼 까마귀가 커서 어미를 되먹여 살리기 때문이라
고 되어 있다.

　臣少事僞朝, 歷職郎署, 本圖宦達, 不矜名節. 今臣亡國之賤俘, 至微至
陋, 過蒙拔擢, 寵命優渥, 豈敢盤桓, 有所希冀? 但以劉日薄西山, 氣息奄
奄, 人命危淺, 朝不慮夕. 臣無祖母, 無以至今日, 祖母無臣, 無以終餘年.
母孫二人, 更相爲命, 是以區區不能廢遠. 臣密今年四十有四, 祖母劉今九
十有六. 是臣盡節於陛下之日長, 報劉之日短也. 烏鳥私情, 願乞終養. 臣
之辛苦, 非獨蜀之人士, 及二州牧伯, 所見明知, 皇天后土, 實所共鑑. 願
陛下矜愍愚誠, 聽臣微志. 庶劉僥倖, 卒保餘年. 臣生當隕首, 死當結草.

[李密, 陳情表]

　저는 젊었을 때 촉한(蜀漢)을 섬겨 상서랑(尙書郎) 벼슬까지 지내었으니,
본디 입신출세를 염두에 두었을 뿐 명예와 절조를 중히 여기지 않았던 것
입니다. 오늘날 저는 망국(亡國) 촉한의 천한 포로와 같은 신세로서 아주
보잘 것 없는 누천한 몸인데도 분에 넘치는 발탁과 두터운 은총을 받았으

니 어찌 감히 주저하면서 달리 바라는 바가 있겠습니까? 다만 병환 중에 계신 조모 유씨가 마치 해가 서산에 막 넘어가려는 것처럼 숨결이 끊어질 듯 말 듯 가냘파서 사람의 목숨이란 것이 그지없이 위태로우니, 아침이면 그 저녁에 어찌 되실지를 헤아리기 어렵습니다. 저에게 조모가 아니 계셨다면 오늘의 제가 있지 못했을 것이며, 또 조모에게 지금 제가 없으면 여생을 편안히 마칠 수가 없을 것입니다. 조모와 손자 둘이 서로 의지하며 목숨을 이어주고 이어받고 온 처지이니, 이 때문에 저는 애를 태우는 마음으로서 조모를 그대로 두고 멀리 떠날 수가 없는 것입니다. 저는 금년이 마흔 넷이요, 조모 유씨는 금년이 아흔하고도 여섯입니다. 그러니 제가 앞으로 폐하께 충절(忠節)을 다할 수 있는 날은 길고, 조모 유씨께 길러주신 은혜를 갚아 효도를 다할 날은 얼마 남지 아니한 것입니다. 까마귀 새끼가 자라서 자신을 길러준 늙은 어미새에게 먹이를 도로 물어다 먹여주는 것과 같은 보은의 마음으로 조모의 돌아가시는 날까지 봉양할 수 있도록 해주십시오. 저의 쓰라린 고통은 다만 촉(蜀)의 인사(人士)들만이 아니라 양주(梁州)와 익주(益州) 두 주(州)의 장관들도 훤히 아는 바이며, 천지신명께서도 실로 모두 보시고 있는 바입니다. 원하옵건대, 폐하께서는 어리석은 저의 정성을 가엾게 여기시어, 저의 미천한 뜻을 들어주십시오. 조모 유씨가 만일 요행히 여생을 편안히 마치게 되신다면, 저는 살아서는 폐하를 위해 목숨을 바쳐 충성하고 죽어서도 결초보은(結草報恩)할 것입니다.

- **심화이해**

중국 진(晉)나라 초기 때 이밀(李密)이 있었는데, 그는 아버지가 어렸을 때 죽고 어머니마저도 외삼촌의 강압에 의해 개가를 하였으므로 할머니 유씨(劉氏) 손에 길러졌다. 무제(武帝)가 높은 관직을 내리면서 그를 불렀지만 여러 차례 사양했다. 그 이유는 아흔이 넘은 할머니를 봉양하기 위한 것임을 밝히면서 자신의 처지를 반포지효에 비유하고 있는 것이 인용문이다.

- **속 담**

까마귀 먹이 받아 먹듯 한다.

- **용 례**

요즘 세상에는 늙고 병든 부모를 버리는 자식이 있다고 하는데, 반포지효는 못할지언정 어찌 그럴 수 있는가.

拔本塞源(발본색원)

·拔: 뽑을 **발**   ·本: 근본 **본**   ·塞: 막을 **색**   ·源: 근원 **원**

•뜻풀이
나무의 뿌리를 뽑고 물의 근원을 틀어막는다는 뜻. 근본적인 차원에서 어떤 문제를 처리하는 것을 일컫는 말.

•유사어
根絶(근절), 削株堀根(삭주굴근), 剪草除根(전초제근)

•유 래
我在伯父, 猶衣服之有冠冕, 木水之有本原, 民人之有謀主也. 伯父若裂
冠毁冕, 拔本塞原, 專棄謀主, 雖戎狄其何有余一人?

〔春秋左氏傳, 昭公 九年條〕

내게 백부가 계신 것은 마치 의복에 갓과 면류관이 있고, 나무나 물에
뿌리와 근원이 있고, 백성들에게 지혜로운 군주가 있는 것과 같다. 백부가
만약 갓을 찢어버리고 면류관을 부수고, 나무의 뿌리를 뽑고 물의 근원을
틀어막으며, 오로지 지혜로운 군주를 끝까지 저버리신다면, 비록 오랑캐라
고 한들 어찌 나 한 사람조차 남아 있었으리오?

夫拔本塞源之論不明於天下, 則天下之學聖人者, 將日繁日難, 斯人倫
於禽獸夷伙, 而猶自以爲聖人之學.

〔傳習錄 卷中, 答顧東橋書〕

대저 발본색원론(拔本塞源論)이 세상에 밝혀지지 않는다면, 세상의 성인
을 배우고자 하는 사람들이 장차 날로 번성하고 세상은 날로 어려움을 겪
을 것이다. 이 사람들의 윤리는 금수나 오랑캐와 다름이 없어 오히려 자
신들의 학문이 성인의 학문이라고 여길 것이다.

•심화이해
앞 인용문은 주왕(周王)이 한 말이다. 이 가운데 발본색원이란 말은 왕양

명(王陽明)의 제자들이 만든 『전습록(傳習錄)』에 실려 더욱 유명해졌다. 그런데 앞 인용문에서 보듯 '발본색원'의 원래 뜻은 나무를 잘 자라게 하고 물을 잘 흐르게 하는 것과는 달리 오히려 그것에 거부하는 것으로서의 부정적인 의미였다. 그러던 것이 『전습록』에 와서 사사로운 탐욕은 근본부터 뽑아버리고 또 그 근원을 틀어막는다는 의미로 '발본색원'이란 말이 쓰였다. 오늘날에는 이 후자처럼 부정적인 요소를 뿌리 뽑는 근본 처방이라는 긍정적인 의미로 사용되고 있다.

● 속 담

뿌리를 뽑아야 한다.

● 용 례

　모두들 부정과 비리를 발본색원하여야 한다고 외치지만, 정작 그것은 쉽게 없어지지 않는다.

　미성년자와의 매매춘은 발본색원되어야 한다.

傍若無人(방약무인)

·傍: 곁 방 ·若: 같을 약 ·無: 없을 무 ·人: 사람 인

• 뜻풀이

곁에 아무도 없다는 뜻. 성격이 활달해서 남의 이목에 얽매이지 않고 자유롭게 행동하거나 또는 오만불손하게 함부로 행동함을 일컫는 말. 곧 긍정적인 의미와 부정적인 의미가 함께 있다.

• 활용형

旁若無人(방약무인)

• 유사어

輕擧妄動(경거망동), 眼中無人(안중무인), 眼下無人(안하무인)
傲慢無禮(오만무례)

• 유 래

荊軻旣至燕, 愛燕之狗屠及善擊筑者高漸離. 荊軻嗜酒, 日與狗屠及高漸離飮於燕市, 酒酣以往, 高漸離擊筑, 荊軻和而歌於市中, 相樂也, 已而相泣, 旁若無人者.

[史記, 刺客列傳]

형가(荊軻)는 연(燕)나라로 가서, 연나라의 개를 잡는 사람과 축(筑)[23]의 명수인 고점리(高漸離)를 좋아했다. 형가는 술을 즐겨 날마다 개백정과 고점리와 어울려 연나라 시정 바닥에서 술을 마셨는데, 술에 취하면 고점리가 축을 연주하고 형가는 그 소리에 맞추어 시정 가운데서 노래로 화답하며, 서로 즐기기도 하고 또한 서로 잡고 울기도 하며, 마치 곁에 아무도 없는 것 같이 하였다.

• 심화이해

전국시대 말기, 위(衛)나라의 형가(荊軻)는 비록 술꾼들과 사귀었지만 그

---

23) 축: 고대 현악기의 일종으로 거문고 비슷한데, 대(竹)로 현을 퉁겨서 소리를 냄.

의 사람됨은 도리어 침착하고 신중하였으며, 검도 잘 다루고, 글에도 능했다. 그는 자신의 뜻이 위원군(衛元君)에게 받아들여지지 않자 여러 나라를 방랑하게 되었다. 이 방랑 기간 동안 그는 여러 나라를 돌아다니면서 현인과 호걸들과 친교를 맺었다. 이 가운데 고점리와의 일화가 소개된 것이 인용문이다.

형가는 연나라 태자 단(丹)의 청탁을 받고, 나중에 진시황이 된 진나라 왕 정(政)을 암살하고자 했으나 실패하여 죽임을 당하고 만다. 고점리도 축을 잘 연주한다 하여 진왕으로부터 초대를 받은 자리에서 친구 형가의 원수를 갚고자 진왕을 살해하고자 했지만 실패하여 역시 죽고 만다.

• 속 담

놓아 먹인 말이다.

대신(大臣) 댁 송아지 백정(白丁) 무서운 줄 모른다.

선머슴이라.

• 용 례

그는 원래 예의나 염치를 아는 사람이었으나, 부자가 되자 행동이 방약무인해져서 남들의 지탄을 받았다.

杯盤狼藉(배반낭자)

· 杯: 잔 배 · 盤: 쟁반 반 · 狼: 어지러울 낭 · 藉: 어지러울 자

· 뜻풀이

술잔과 접시가 마치 이리에게 깔렸던 풀처럼 어지럽게 흩어져 있다는 뜻.
술을 마시고 한창 노는 난잡한 모양이거나, 술자리가 파할 무렵 또는 파한
뒤에 술잔과 접시가 어지럽게 흩어져 있는 모양을 가리키는 말.

· 유 래

　威王大說, 置酒後宮, 召髡賜之酒. 問曰: "先生能飮幾何而醉?" 對曰:
"臣飮一斗亦醉, 一石亦醉." 威王曰: "先生飮一斗而醉, 惡能飮一石哉!
其說可得聞乎?" 髡曰: "賜酒大王之前, 執法在傍, 御史在後, 髡恐懼俯
伏而飮, 不過一斗徑醉矣. 若親有嚴客, 髡韝鞴鞠跽, 侍酒於前, 時賜餘
瀝, 奉觴上壽, 數起, 飮不過二斗徑醉矣. 若朋友交遊, 久不相見, 卒然相
覩, 歡然道故, 私情相語, 飮可五六斗徑醉矣. 若乃州閭之會, 男女雜坐,
行酒稽留, 六博投壺, 相引爲曹, 握手無罰, 目眙不禁, 前有墮珥, 後有遺
簪, 髡竊樂此, 飮可八斗而醉二參. 日暮酒闌, 合尊促坐, 男女同席, 履舃
交錯, 杯盤狼藉, 堂上燭滅, 主人留髡而送客, 羅襦襟解, 微聞薌澤, 當此
之時, 髡心最歡, 能飮一石. 故曰: '酒極則亂, 樂極則悲.' 萬事盡然." 言
不可極, 極之而衰, 以諷諫焉. 齊王曰: "善." 乃罷長夜之飮, 以髡爲諸侯
主客. 宗室置酒, 髡嘗在側.

〔史記, 滑稽列傳, 淳于髡傳〕

　제(齊)나라 위왕(威王)은 크게 기뻐하여 후궁에 주연을 베풀고, 순우곤(淳
于髡)을 불러서 술을 내렸다. 그 자리에서 왕이 순우곤에게 물었다. "선생
은 어느 정도 마시면 취하는가?" 곤이 대답했다. "한 말(斗)에도 취하고,
한 섬(石)에도 취합니다." 왕이 다시 물었다. "선생이 한 말을 마시고 취한
다면 어찌 한 섬을 마실 수 있다는 것이오? 그 이유를 들을 수 있겠소?"
곤이 대답했다. "대왕이 계신 앞에서 술을 내려주신다면 법을 집행하는 관
원들이 곁에 있고 어사(御史)가 뒤에 버티고 있어서 저는 두려워하며 엎
드려서 마시게 되니 한 말도 마시기 전에 취해 버립니다. 만약 어버이에

게 귀한 손님이 계셔, 제가 옷깃을 바르게 하고 꿇어앉아 앞에 모시고 술을 대접하면서 때로는 나머지 술을 받고, 술잔을 받들어 손님의 장수를 빌며 자주 몸을 일으키게 되면, 두 말도 마시기 전에 완전히 취해 버립니다. 만약 사귀던 벗과 오래 보지 못하다가 갑자기 만나면 즐거워서 지난날의 일들을 이야기하고, 개인적으로 정다웠던 감회를 서로 말하게 되면 대여섯 말을 마셔야 취합니다. 만약 마을의 모임으로 남자와 여자들이 뒤섞여 앉아 서로 상대방에게 술을 돌리고, 장기와 투호를 벌여서 짝을 구하고, 남녀가 손을 잡아도 벌이 없고, 눈이 뚫어져라 바라보아도 금함이 없으며, 앞에서는 귀고리가 떨어지고 뒤에서는 비녀가 어지러이 흩어지는 경우라면, 저는 이런 것을 은근히 좋아하여 여덟 말쯤 마실 수 있지만 2-3할밖에 취기가 돌지 않습니다. 또 해가 넘어가고 술자리가 파하게 되어 술통을 모으고 자리를 좁혀서 남녀가 동석하고, 신발이 서로 뒤섞이며, 술잔과 그릇들이 어지러이 흩어지고 마루 위의 촛불이 꺼지게 되면, 이윽고 주인이 저만을 머물게 하고 다른 손님을 보냅니다. 그리고 비단속옷의 옷깃이 풀어지고 은은한 향냄새가 풍겨옵니다. 이런 때를 당하면 저는 마음이 가장 기뻐져 능히 한 섬을 마십니다. 그러므로 '술이 지극하면 어지러워지고, 즐거움이 지극하면 슬퍼진다'고 하는 것인데, 만사는 다 이와 같습니다." 사물이란 극도에 이르면 아니 되며, 극도에 이르면 반드시 쇠한다는 것을 풍간(諷諫)한 것이다. 제나라 왕이 말했다. "좋은 말씀이오." 곧 밤 새워 술 마시는 것을 그만두고, 곤을 제후의 주객(主客)[24]으로 삼았다. 그후 왕실의 주연에는 곤이 언제나 왕을 곁에서 모셨다.

- 심화이해

  제(齊)나라 위왕(威王) 때 초(楚)나라의 공격을 받자 황금 천일(千鎰)과 사두(四頭) 마차 백 대와 흰 구슬 열 쌍을 공물로 해서 순우곤을 조(趙)나라에 사신으로 보냈다. 그리하여 순우곤이 조나라로부터 10만의 군대와 전차 천 대를 얻어오자, 왕은 순우곤을 위한 축하연을 베풀게 되었다. 이 자리에서 일어난 일화가 바로 인용문이다.

- 용 례

  불쌍한 백성들은 주린 배를 움켜쥐고 죽어가는데, 나랏님의 잔치상엔 배 반낭자하니 어찌 민심이 용납하겠는가.

---

24) 주객: 외국 사신을 접대하는 관원의 우두머리.

背水之陣(배수지진)

· 背: 등질 배   · 水: 물 수   · 之: 갈 지   · 陣: 진칠 진

· 뜻풀이

강을 뒤로하고 친 진지라는 뜻. 목숨을 걸고 어떤 일에 대처하는 비장한 각오를 비유하는 말. 곧 결사적인 항전을 일컫는다.

· 활용형

背水陣(배수진)

· 유사어

捨量沈舟(사량침주), 濟河焚舟(제하분주), 破釜沈船(파부침선)
破釜沈舟(파부침주)

· 유 래

韓信使人閒視, 知其不用, 還報, 則大喜, 乃敢引兵遂下. 未至井陘口三十里, 止舍. 夜半傳發, 選輕騎二千人, 人持一赤幟, 從閒道萆山而望趙軍, 誡曰: "趙見我走, 必空壁逐我, 若疾入趙壁, 拔趙幟, 立漢赤幟." 令其裨將傳飧, 曰: "今日破趙會食!" 諸將皆莫信, 詳應曰: "諾." 謂軍吏曰: "趙已先據便地爲壁, 且彼未見吾大將旗鼓, 未肯擊前行, 恐吾至阻險而還." 信乃使萬人先行, 出, 背水陳. 趙軍望見而大笑.

〔史記, 淮陰侯列傳〕

한신이 첩자를 시켜 염탐하게 하였는데, 첩자가 광무군의 계책이 채택되지 않은 것을 알고는 돌아와 한신에게 보고했다. 한신이 매우 기뻐하며 군대를 이끌고 드디어 정형(井陘)을 향해 갔다. 정형 어귀에서 약 삼십 리 떨어진 곳에 멈추고는 야영을 했다. 그날 밤중에 군령을 전하여 가볍게 무장한 기병 이천 명을 선발하고는, 그 한 사람마다 빨간 깃발 한 개씩을 들게 하여 사잇길로 가서 산속에 숨어 조나라 군대를 엿보도록 명령했다. "조나라 군사는 우리가 후퇴하는 것을 보면 반드시 성을 비워 놓고 우리를 추격해올 것이다. 그러면 너희들은 그 사이에 재빨리 조나라의 성으로

들어가서 조나라의 깃발을 뽑아버리고 한나라의 빨간 깃발을 세워야 한다." 그리고 비장(裨將)을 시켜 가벼운 음식을 모든 군사에게 나누어주게 하면서 명하였다. "오늘 조나라 군대를 격파한 뒤에 모여서 잔치를 하자." 여러 장수들은 아무도 그의 이 말을 믿지 않았지만 거짓으로 대답했다. "네, 알겠습니다." 한신은 군리(軍吏)에게 말했다. "조나라 군대는 우리보다 먼저 유리한 지세를 차지하여 성을 구축하고 있다. 그리고 저들은 우리 대장의 깃발과 북을 보기 전에는 우리의 선봉을 공격하려고 하지 않을 것이다. 왜냐하면 우리가 좁고 험한 곳에 부딪쳐 돌아가버릴까 두려워하기 때문이다." 한신은 이에 만 명을 먼저 가게 하고, 정형 어귀로 나가서 배수진을 치게 했다. 조나라 군대는 이것을 보고는 병법을 모른다며 크게 비웃었다.

• **심화이해**

   항우와 유방이 천하를 겨룰 때, 유방을 도와 항우를 멸망시킨 인물이 바로 한신이다. 그는 젊어서 밥을 빌어먹을 정도로 가난했지만 소하(蕭何)의 적극적인 천거로 유방에게 등용되었다. 한신은 유방이 한나라를 세우기 전에 그의 명령을 받고 출정해 위(魏)나라를 쳐부순 다음 위세를 몰아 조(趙)나라로 쳐들어갔다. 그러나 한신의 군대는 겨우 이만 명에 불과했고, 조나라 군대는 이십만 명이나 되었다. 군사의 수로는 도저히 싸움이 되지 않을 지경이었다. 이때 한신은 명장답게 지략을 폈다. 그는, 조나라의 광무군(廣武君) 이좌거(李左車)가 한신의 군대와 정면충돌하려는 함안군(咸安君) 진여(陳餘)를 만류시키려고 했지만 받아들여지지 않는 것을 알고는, 일부러 강을 뒤로하고 진지를 구축한 것이 배수지진이었다. 바로 이러한 상황을 나타낸 것이 인용문이다.

• **속 담**
   칼 물고 뜀 뛰기.

• **용 례**
   자꾸 우리 앞에 놓인 일의 어려움을 말하지만, 배수지진의 각오로 임한다면 극복하지 못할 것도 없다.

杯中蛇影(배중사영)

·杯: 잔 배 ·中: 가운데 중 ·蛇: 뱀 사 ·影: 그림자 영

• 뜻풀이

숙잔 속에 비친 뱀의 그림자란 뜻. 쓸데없는 의심을 품고 스스로 고민함을 비유하는 말.

• 활용형

弓蛇(궁사), 杯弓蛇影(배궁사영), 杯蛇(배사), 蛇影杯弓(사영배궁)

• 유사어

杞憂(기우), 半信半疑(반신반의), 吳牛喘月(오우천월), 疑心暗鬼(의심암귀)
草木皆兵(초목개병), 風聲鶴唳(풍성학려)

• 유 래

嘗有親客, 久闊不復來, 廣問其故, 答曰: "前在坐蒙賜酒, 方飮忽見盃中
有蛇, 意甚惡之, 旣飮而疾." 于時, 河南聽事, 壁上有角, 漆畫作蛇. 廣意
盃中蛇卽角影也, 復置酒於前處, 謂客曰: "酒中復有所見不?" 答曰: "所
見如初." 廣乃告其所以. 客豁然意解, 沈痾頓愈.

[晉書, 樂廣傳]

일찍이 친한 친구가 있었는데, 오랫동안 다시 찾아오지 않아 악광은 그
까닭을 물었다. 이에 친구가 대답했다. "전날 술대접을 받아 막 마시려는
데 느닷없이 술잔 속에 뱀이 보여 마음속으로 매우 이상히 여겼지만 그냥
마신 후로 병에 걸려서 찾아보지를 못했네." 그때 마신 곳은 하남의 청사
였는데 벽에는 활이 걸려 있었고, 그 활에는 뱀이 그려져 있었다. 악광은
술잔 속의 뱀은 바로 활에 그려진 뱀이 비친 것이라고 생각하여, 전과 같
은 장소에서 술자리를 다시 베풀고는 그 친구에게 물었다. "술잔 속에 보
이는 것이 있는가 없는가?" 친구가 대답했다. "보이는 것이 전과 꼭 같
네." 악광이 그 까닭을 알려주었다. 이에 친구는 깨끗이 의문이 풀리고 오
랜 병도 다 나았다.

• 심화이해

  응소(應劭)가 편찬한 『통속통의(通俗通義: 일명 風俗通)』에도 나오는 이 이야기는 진(晉)나라 악광(樂廣)이란 사람이 하남(河南)의 장관으로 있을 때 생긴 일이다. 그에게 한 친구가 있었는데, 어느날 악광과 함께 술자리를 하게 되었다. 그런데 술을 마시다 잔 속에 실뱀의 형상이 비치는 것을 보고는 그 친구가 병이 들었는데, 악광이 그렇게 된 자초지종을 설명해주자 병이 다 나았다는 고사이다.

• 속 담

달걀 지고 성 밑으로 못 지나가겠다.

땅이 꺼질까봐 발끝으로 다닌다.

서울이 무섭다 하니까 남태령(南太嶺)부터 긴다.

• 용 례

  의심이 많은 그는 친구의 진정한 호의조차도 색안경을 쓰고 보게 되었으니, 배중사영도 이만하면 그 도가 지나친 것이었다.

百年河淸(백년하청)

·百: 일백 백   ·年: 해 년   ·河: 강이름 하   ·淸: 맑을 청

·뜻풀이

황하의 물이 맑기를 무작정 기다린다는 뜻. 아무리 바라고 기다려도 소용이
없음을 일컫는 말.

·활용형

百年俟河淸(백년사하청)

·유사어

不知何歲月(부지하세월), 如俟河淸(여사하청), 千年一淸(천년일청)
千年河淸(천년하청), 漢江投石(한강투석), 紅爐點雪(홍로점설)

·유 래

楚子囊伐鄭, 討其侵蔡也. 子駟子國子耳欲從楚, 子孔子蟜子展欲待晉.
子駟曰: "周詩有之曰: '俟河之淸, 壽幾何? 兆云詢多, 職競作羅. 謀之
多族, 民之多違, 事滋無成.' 民急矣, 姑從楚以紓吾民, 晉師至, 吾又從
之. 敬共幣帛, 以待來者, 小國之道也. 犧牲玉帛, 待於二竟, 以待彊者,
而庇民焉. 寇不爲害, 民不罷病, 不亦可乎?"

[春秋左氏傳, 襄公 八年條]

초나라 공자 낭(囊)이 정나라를 쳐서 정나라가 채나라를 친 일을 응징했
다. 정나라의 공자 사(駟)·공자 국(國)·공자 이(耳)는 초나라에 복종하려
했고, 공자 공(孔)·공자 교(蟜)·공자 전(展)은 진나라가 구원해주기를 기
다리려 했다. 그러자 공자 사가 말했다. "주나라 시에 '황하(黃河)의 흐린
물이 맑아지기를 기다리고 있자면, 사람의 수명으로 어찌 기다릴 수 있겠
는가? 일의 조짐에 대해 말하는 사람이 많으면 자기 주장으로 중구난방이
되네. 또 꾀를 내는 사람이 많고 다른 의견을 내는 사람이 많으면 일은
되어지지 않네'라고 했소. 지금 백성들이 위급하니 일단 초나라에게 복종
해서 백성들의 곤경을 늦추어주고, 뒤에 진(晉)나라 군사가 오면 그때에는

진나라에 복종합시다. 공손히 예물을 갖추어 쳐들어오는 자를 기다리는 것이 작은 나라가 취할 길이오. 그러니 맹세하는데 쓰는 희생과 예물로 바칠 옥백을 가지고서 두 군데의 국경에서 기다렸다가 강한 나라에 붙는 것이 백성을 보호하는 것이오. 쳐들어오는 적이 우리에게 해를 끼치지 않고 백성들이 괴로움을 당하지 않으면 또한 좋지 않겠소?"

• 심화이해

  춘추시대 때의 일로서 정(鄭)나라의 공자 국(國)과 이(耳)가 초(楚)나라의 속국인 채(蔡)나라 사마(司馬)인 공자 섭(燮)을 사로잡자, 초나라는 공자 낭(囊)이 군사를 이끌고 정나라를 공격할 채비를 갖추게 되었다. 이 소식을 접한 정나라에서는 여섯 사람의 경대부들이 대책을 숙의하는 회의를 열게 되었다. 그러나 이 회의에서 항복을 해야 한다는 의견과 진(晉)나라에 구원을 요청하여 대항해야 한다는 의견이 서로 대립하게 되었다. 이때 공자 사가 한 말이 바로 인용문이다. 즉 진나라의 구원병을 기다리는 것은 황하의 물이 맑기를 기다리는 것과 같은 것으로 무모함의 비유로 사용된 것이다.

• 속 담

굵은 달걀이 꼬끼오 하거든.
대천 바다가 육지될 때를 기다려라.
백년하청을 기다린다.

• 용 례

그가 마음을 고쳐먹기를 바라는 것은 백년하청이나 다름없다.

白眉(백미)

·白: 흰 백　·眉: 눈썹 미

· 뜻풀이

흰 눈썹이란 뜻. 형제 중에서 가장 뛰어난 사람이나, 어떤 분야에서 가장
뛰어난 사람이나, 예술 작품 중에서 가장 훌륭한 작품을 일컫는 말.

· 활용형

馬良白眉(마량백미), 馬氏白眉(마씨백미)

· 유 래

馬良字季常, 襄陽宜城人也. 兄弟五人, 皆用常爲字, 並有才名. 鄕里爲
之諺曰: "馬氏五常, 白眉最良." 良眉中有白毛, 故以稱之.

〔三國志, 蜀志, 馬良傳〕

마량의 자는 계상이고, 양양의 의성 사람이다. 형제가 다섯 사람 있었는
데 모두 상(常)을 써서 자(字)로 삼았고, 아울러 재명(才名)이 있었다. 고
향 사람들이 이를 두고 말했다. "마씨의 다섯 아들 중에서도 백미가 가장
뛰어나다." 마량은 눈썹 가운데 흰 털이 있어서 그렇게 부른 것이다.

· 심화이해

삼국시대 때 촉나라의 유비(劉備)에게 이름난 참모가 있었으니, 그는 문
무를 겸비한 마량(馬良)이었다. 그는 제갈량(諸葛良)과 문경지교(刎頸之交)
를 맺은 사이였는데, 공교롭게도 제갈량이 눈물을 흘리면서 목을 벤 마속
(馬謖)은 바로 그의 동생이다. 마량은 세 치의 혀 하나로 남쪽 변방의 흉
포한 오랑캐의 무리를 모두 부하로 삼는데 성공했을 정도로 지혜가 뛰어
난 인물이었다.

· 용 례

고산 윤선도의 <어부사시사>는 조선시대 사대부 시조의 백미로 꼽히는
작품이다.

伯牙絶絃(백아절현)

·伯: 맏이 백 ·牙: 어금니 아 ·絶: 끊을 절 ·絃: 악기줄 현

• 뜻풀이

백아가 거문고의 현을 끊었다는 뜻. 마음 속 깊이 서로 이해하는 우정이나 아주 친한 친구의 죽음을 비유하는 말.

• 활용형

絶絃(절현)

• 유사어

高山流水(고산유수), 伯牙破琴(백아파금), 斷琴之交(단금지교), 知音(지음)

• 유 래

伯牙鼓琴, 鍾子期聽之, 方鼓琴, 志在太山, 子期曰: "善哉乎鼓琴, 巍巍乎若太山." 莫景之閒, 志在流水, 子期曰: "善哉乎鼓琴, 洋洋乎若流水." 鍾子期死, 伯牙擗琴絶絃, 終身不復鼓之, 以爲在者, 無足爲之鼓琴也.

[韓詩外傳]

전국시대에 백아(伯牙)가 거문고를 타면 종자기(鍾子期)는 그 소리를 잘 알아들었는데, 백아가 거문고 소리로 높은 산을 묘사하면 종자기는 그 소리를 듣고 이렇게 말했다. "훌륭하도다, 이 거문고 소리는 마치 태산 같은 높은 산이 치솟는 것 같구나." 또 짧은 시간에 얼른 강물 흐르는 소리를 바꾸어 묘사하면 종자기는 또 이렇게 감탄했다. "훌륭하도다, 이 거문고 소리는 마치 황하가 도도히 흐르는 것 같구나." 그런데 종자기가 병으로 죽게 되자 백아는 거문고 줄을 끊어 버리고 평생토록 다시는 타지 않았으니, 이는 이 세상에 자신의 거문고 소리를 알아줄 만한 사람이 없다고 여겼기 때문이리라.

• 용 례

세상에 살면서 백아절현의 우정을 나눌 수 있다는 것은 크나큰 행운이다.

白眼視(백안시)

·白: 흰 백   ·眼: 눈 안   ·視: 볼 시

·뜻풀이
흰 눈동자로 흘겨본다는 뜻. 남을 업신여기거나 냉대함을 비유하는 말.

·활용형
白眼(백안)

·상대어
靑眼視(청안시)

·유 래

裴楷往弔之, 籍散髮箕踞, 醉而直視. 楷弔唁畢便去, 或問楷, "凡弔者,
主哭客乃爲禮, 籍旣不哭, 君何爲哭?" 楷曰: "阮籍旣方外之士, 故不崇
禮典, 我俗中之士, 故以軌儀自居." 時人歎爲兩得. 籍又能爲靑白眼. 見
禮俗之士, 以白眼對之, 及嵇喜來弔, 籍作白眼, 喜不懌而退. 喜弟康聞
之, 乃齎酒挾琴造焉, 籍大悅, 乃見靑眼.

〔晉書, 阮籍列傳〕

배해(裴楷)가 완적의 어머니 장례식에 가서 조문을 했으나, 완적은 머리
를 풀어헤치고 침상에 책상다리를 하고 걸터앉아서 술에 취해 물끄러미
쳐다볼 뿐이었다. 이에 배해는 조문을 하고 나서 몇 마디 위로의 말을 하
고는 훌쩍 떠나고자 하니, 어떤 사람이 그에게 물었다. "무릇 조문이란 것
은 상주는 곡을 해야 하고 조문객은 예를 차려야 하는 것이거늘 완적은
곡조차 하지 않는데 당신은 어찌 곡을 한단 말이오?" 배해가 대답했다.
"완적은 방외인(方外人)인지라 세속적인 예절을 숭상하지 않지만, 나는 세
속의 선비인지라 세속적인 법도를 지킵니다." 이때 사람들은 탄식하며 두
사람의 입장을 이해했다. 또 완적은 눈동자를 굴려 하얗게 하거나 푸르게
할 수 있었다. 세속적인 예절에 젖은 선비를 보면 흰 눈자위를 드러내며
대했다. 혜희(嵇喜)가 조문을 하러 오자 완적은 흰 눈자위를 드러내어 대

하여, 혜희는 몹시 황당해 하며 돌아갔다. 혜희의 동생 혜강(嵇康)이 이 말을 듣고 술을 사고 거문고를 옆구리에 끼고 완적을 찾아갔다. 그러자 완적은 크게 기뻐하며 푸른 눈자위를 보였다.

- **심화이해**

  완적(阮籍)은 노장 사상에 심취하여 대나무 숲속에 은거하던 죽림칠현(竹林七賢) 중에 한 사람이었다. 그는 술과 거문고를 벗삼아 세속의 예의범절에 구애됨이 없이 한 세상을 보낸 인물로, 속세에서 지내는 지식인을 보면 속물로 생각하여 그런 사람이 찾아올 때는 흰 눈자위를 드러내며 흘겨보았다는 일화가 있는데, 바로 인용문의 내용이다.

- **용 례**

  그는 남을 속이면서까지 재물을 취하는 사람들을 백안시하였다.

夫倡婦隨(부창부수)

· 夫: 지아비 **부**　· 倡: 부를 **창**　· 婦: 지어미 **부**　· 隨: 따를 수

- **뜻풀이**

  남편이 주장하고 아내가 잘 따른다는 뜻. 집안이 서로 화합한 것을 일컫는 말.

- **활용형**

  夫唱婦隨(부창부수), 唱隨(창수).

- **유 래**

  天下之理, 夫者倡婦者隨, 牡者馳牝者逐, 雄者鳴雌者應. 是以聖人制言行, 而賢人拘之.

  〔關尹子, 三極篇〕

  천하의 이치는 남편이 노래 부르면 부인이 따라 부르고, 수놈이 달리면 암놈은 쫓아가며, 수컷이 울면 암컷이 응답해야 한다. 이런 까닭에 성인들이 언행을 조심하고, 현인들이 언행을 삼가는 것이다.

- **용 례**

  아무리 부창부수라 하더라도 그렇지, 어떻게 그런 일을 아내가 순순히 따라주겠는가.

焚書坑儒(분서갱유)

· 焚: 불사를 분 · 書: 글 서 · 坑: 묻을 갱 · 儒: 선비 유

· 뜻풀이

책을 불사르고 선비를 산 채로 구덩이에 파묻는다는 뜻. 책이나 사람을 탄압하는 독재행위를 일컫는 말.

· 유 래

臣請: "史官非秦記皆燒之. 非博士官所職, 天下敢有藏詩·書·百家語者, 悉詣守·尉雜燒之. 有敢偶語詩書者棄市. 以古非今者族, 吏見知不學者與同罪. 令下三十日不燒, 黥爲城旦. 所不去者, 醫藥卜筮種樹之書. 若欲有學法令, 以吏爲師."

於是使御史悉案問諸生, 諸生傳相告引, 乃自除. 犯禁者四百六十餘人, 皆阬之咸陽, 使天下知之, 以懲後.

[史記, 秦始皇本紀]

신이 청하옵건대, "사관으로 하여금 진(秦)의 전적이 아닌 것은 다 불살라 버리게 하십시오. 박사관(博士官)에서 취급하지 않는데, 세상에서 감히 『시경(詩經)』과 『서경(書經)』과 제자백가의 책들을 소장한단 말입니까? 모두 지방관에게 제출하도록 하여 불사르게 하며, 감히 『시경』·『서경』을 말하는 자가 있으면 저자거리에서 사형시켜 백성들에게 본보기를 보이며, 옛것으로 지금을 그르다 비난하는 자는 집안을 모두 사형에 처하고, 이 같은 자들을 보고서도 검거하지 않는 관리는 같은 죄로 다스리소서. 명령이 내려진 지 30일 이내에 서적을 불사르지 않는 자는 이마에 문신을 새기고 매일 새벽에 일어나 성을 쌓는 형벌에 처하십시오. 다만 불태워 버리지 않을 서적은 의약과 점복(占卜)과 농업에 관련된 책뿐이며, 만일 법령을 배우고자 하는 자가 있으면 관리를 스승으로 삼게 하옵소서."

이에 어사를 시켜서 이런 자(괴상한 말로 사람들을 현혹시키는 자)들을 조사하자, 그들은 죄를 서로에게 전가시켜 다른 사람을 고발하고 자기 자

신을 제외시키려 했다. 진시황이 친히 법령으로 금지한 것을 범한 자 460
여 명을 사형죄로 판결하여 모두 함양(咸陽)에 굴을 파서 묻어버리고, 천
하에 그것을 알려서 후세 사람들을 경계시켰다.

• **심화이해**

앞 인용문은 진시황(秦始皇) 34년에 함양궁에서 군신들을 위해 주연을
베풀 때 일어난 일이다. 이 자리에 모인 신하들이, 과거의 봉건제를 폐지
하고 중앙집권체제인 군현제를 실시하고 있는 것에 대해 서로 토의했다.
순우월(淳于越)은 군현제를 폐하고 봉건제의 부활을 주장했다. 이에 정승
이사(李斯)는 봉건제의 부활은 임금의 권위를 떨어뜨리고 나라를 위태롭
게 하므로 의약·복술·농경 등에 관한 서적과 진(秦)나라의 기록을 제외
한 모든 서적은 모조리 불태워 없애야 한다고 주장한 것이 바로 앞 인용
문의 내용이다. 진시황이 이를 받아들여 귀중한 문서와 서적들을 불태운
사건을 분서(焚書)라고 한다.

인용문의 뒷 문단은 진시황 35년에 일어난 일이다. 진시황은 평소 불로
장생의 신선술(神仙術)을 믿었기 때문에 특히 후생(侯生)과 노생(盧生) 두
방사(方士)를 후하게 대접하고 있었다. 그런데 이 두 사람이 후한 대접만
받고 시황제를 비난하면서 도망쳐 버렸다. 이에 격노한 시황제가 학자들
을 모조리 잡아들이도록 명령하여 460여 명의 학자들을 산 채로 매장했다.
이 사건을 갱유(坑儒)라고 한다.

• **용 례**

분서갱유가 따로 있는 것이 아니라, 자기와 생각이 다르다고 하여 박해
하면 그것이 곧 분서갱유이다.

不入虎穴不得虎子(불입호혈부득호자)

· 不: 아니 **불**　· 入: 들 **입**　· 虎: 범 **호**　· 穴: 구멍 **혈**

· 不: 아니 **불**　· 得: 얻을 **득**　· 虎: 범 **호**　· 子: 아들 **자**

• 뜻풀이

호랑이 굴에 들어가지 않고는 호랑이 새끼를 잡지 못한다는 뜻. 모험을 하지 않고서는 큰 뜻이나 소망을 이룰 수 없음을 일컫는 말.

• 활용형

不入虎穴焉得虎子(불입호혈언득호자)

• 유 래

超曰: "不入虎穴, 不得虎子. 當今之計, 獨有因夜以火攻虜, 使彼不知 我多少, 必大震怖, 可殄盡也. 滅此虜, 則鄯善破膽, 功成事立矣."

[後漢書, 班超傳]

반초(班超)는 단호하게 말했다. "호랑이 굴에 들어가지 아니하면 호랑이 새끼를 얻지 못하는 법이다. 지금 생각할 수 있는 가장 좋은 방책은 밤을 틈타 불로써 오랑캐(흉노)들을 공격하는 일이다. 그러면 오랑캐들은 우리의 수가 많고 적은지를 알지 못하여 반드시 크게 떨고 두려워할 것이니, 이때를 틈타 오랑캐들을 모두 섬멸할 수 있을 것이다. 이 오랑캐들이 멸망하면 곧 선선국(鄯善國)25)은 간담이 서늘하게 되어 우리의 공이 이루어지고 일이 달성될 것이다."

• 심화이해

후한(後漢)의 반초(班超)는 『한서(漢書)』의 저자인 반고(班固)의 동생이다. 그는 서역에서 북흉노(北凶奴)를 정벌하는 등의 군사적 재능을 인정받아 정원후(定遠侯)에 봉해지기도 했다. 어느 해, 반초는 36명의 장사들을 이끌고 선선국(鄯善國)의 사자(使者)로 가게 되었다. 선선국은 천산북로와

---

25) 선선국: 천산 북로와 천산 남로의 분기점에 있는 서쪽 오랑캐의 나라.

천산남로의 분기점에 위치한 전략상 요충지이어서 한(漢)나라 뿐만 아니라 흉노도 지배하고자 했기 때문이다. 그런데 선선국의 광왕(廣王)은 처음에는 반초 일행들을 후하게 대접하였으나, 북쪽 흉노의 사자들이 오자 그들을 몹시 두려워하고 있었기 때문에 반초 일행을 점차 냉대하게 되었다. 상황이 이렇게 된 것을 깨달은 반초는 흉노의 사신이 머무는 곳을 알아내고 부하들을 불러모아 결전의 의지를 밝힌 것이 바로 인용문이다. 결국 반초 일행은 흉노의 숙사를 공격하여 사절의 목을 베었다. 이것을 본 선선국의 왕은 한나라의 보복을 두려워하여 굴복하게 되었다.

• 속 담

거미도 줄을 쳐야 벌레를 잡는다.

바다에 가야 고기를 잡는다.

범 굴에 들어가야 범을 잡는다.

산에 가야 꿩을 잡는다.

서울에 가야 과거에 급제하지.

짧은 두레박 줄로 깊은 우물 물을 긷지 못한다.

하늘을 보아야 별을 딴다.

• 용 례:

그를 이기고자 하면 불입호혈부득호자의 심경으로 만나 담판을 지어야 할 것이다.

不肖(불초)

· 不: 아니 **불**   · 肖: 닮을 초

· 뜻풀이

닮지 않았다는 뜻. 어버이의 덕망을 이을 만한 자질이 없어 못나고 어리석음 또는 그런 사람을 일컫는 말. 오늘날에는 대개 부모에 대해 자신을 낮추는 겸양의 말로 쓰인다.

· 유사어

不肖男(불초남), 不肖子(불초자)

· 유 래

丹朱之不肖, 舜之子亦不肖. 舜之相堯·禹之相舜也, 歷年多, 施澤於民久. 啓賢, 能敬承繼禹之道.

〔孟子, 萬章〕

요(堯)임금의 아들 단주(丹朱)는 아버지보다 못났고, 순(舜)임금의 아들 또한 못났다. 순임금이 요임금을 도운 것과 우(禹)임금이 순임금을 도운 것은 어느덧 오래되었고, 백성들에게 은택을 베푼 것 역시 오래되었다. 그런데 우임금의 아들 계(啓)는 현명하여 능히 우임금의 도를 공경히 이어받을 수 있었다.

· 용 례

그가 성공한 이면에는 스스로를 불초하다고 여겨 남몰래 쏟아부은 노력이 숨어 있다.

不惑(불혹)

· 不: 아니 불   · 惑: 의혹될 혹

· 뜻풀이
미혹되지 않는다는 뜻. 하늘의 이치를 터득했기에 어떤 유혹에도 흔들리지 않음을 비유하는 말. 오늘날에는 주로 나이 40대를 일컫는 말로 쓰인다.

· 활용형
不惑之年(불혹지년), 不惑之歲(불혹지세)

· 유 래
子曰: "吾十有五而志于學, 三十而立, 四十而不惑, 五十而知天命, 六十而耳順, 七十而從心所慾不踰矩."

[論語, 爲政篇]

공자가 말했다. "나는 열 다섯 살에 학문에 뜻을 두고, 서른 살에 뜻이 확고히 서고, 마흔 살에 어떤 유혹에도 흔들리지 않고, 쉰 살에 하늘의 명을 알고, 예순 살에 어떤 말을 들어도 그 이치를 저절로 알게 되었고, 일흔 살에 마음이 하고자 하는 바를 따라도 법도에 어긋나지 않았다."

· 심화이해
인용문은 공자가 자신의 학문 수양의 발전 과정을 언급한 말이다.

· 용 례
불혹의 나이도 지났건만, 그는 사소한 유혹도 쉽게 뿌리치지 못했다.

四面楚歌(사면초가)

· 四: 넉 사   · 面: 낯 면   · 楚: 초나라 초   · 歌: 노래 가

· 뜻풀이

사면에서 들려오는 초나라 노래란 뜻. 사방이 적에게 포위되어 이럴 수도 저럴 수도 없는 고립된 상태를 일컫는 말.

· 활용형

楚歌(초가), 四面楚歌聲(사면초가성), 楚歌四合(초가사합)

· 유사어

孤立無援(고립무원), 孤立無依(고립무의), 進退兩難(진퇴양난)
進退維谷(진퇴유곡)

· 유 래

項王軍壁垓下, 兵少食盡, 漢軍及諸侯兵圍之數重. 夜聞漢軍四面皆楚歌, 項王乃大驚曰: "漢皆已得楚乎? 是何楚人之多也!" 項王則夜起, 飮帳中. 有美人名虞, 常幸從, 駿馬名騅, 常騎之. 於是項王乃悲歌忼慨, 自爲詩曰: "力拔山兮氣蓋世, 時不利兮騅不逝. 騅不逝兮可奈何, 虞兮虞兮奈若何!" 歌數闋, 美人和之. 項王泣數行下, 左右皆泣, 莫能仰視.

〔史記, 項羽本紀〕

항우의 군대는 해하(垓下)에서 방벽을 구축하고 있었는데, 군사는 적고 군량도 다 떨어졌다. 게다가 한나라 군대와 제후의 군대가 방벽을 몇 겹으로 포위하고 있었다. 밤에 항우는 한나라 군대가 사방에서 모두 초나라 노래를 부르는 것을 듣고 크게 놀라서 말했다. "한나라 군대가 이미 초나라 땅을 모두 빼앗은 것일까? 어찌하여 초나라 사람이 이리도 많은 것일까?" 항우는 밤이 되자 일어나 장중(帳中)에서 술을 마셨다. 항우에게는 우(虞)라는 미인이 있었는데, 그녀는 항상 총애를 받으며 시종(侍從)하였다. 그리고 항우에게는 추(騅)라고 하는 준마가 있었는데, 그는 항상 이 말을 타고 다녔다. 이에 항우는 강개한 심정으로 비통함을 노래하며 스스

로 시를 지어 읊었다.

힘은 산을 뽑을 수 있고, 기개는 온 세상을 덮을 만하건만,
시운(時運)이 불리하니 추(雎) 또한 가려 하지 않는구나.
추도 가려 하지 않으니 이를 어찌해야 하는 것인가?
우미인아, 우미인아, 그대를 어찌해야 좋을 것인가?

항우가 여러 차례 이 노래를 부르니, 우미인도 이에 화답했다. 항우의 뺨
에는 몇 줄기 눈물이 흘러내리니, 좌우에 있는 사람들도 모두 울며 차마
쳐다보지 못했다.

• 심화이해

초(楚)나라의 항우(項羽)와 한(漢)나라의 유방(劉邦)이 5년 동안 천하를
두고 패권을 다투었다. 두 나라는 서로 지칠대로 지쳐 홍구(鴻溝)에서 강
화조약을 맺었는데, 그 결과 결국 천하는 홍구를 경계로 하여 양분되었다.
그러나 항우는 강화조약에 의해 동쪽으로 돌아갔지만, 유방은 장량(張良)
과 진평(陳平)의 계책에 따라 한신(韓信)으로 하여금 항우의 군대를 추격
하게 했다. 그래서 항우의 군대는 해하(垓下)에서 한신이 지휘하는 한군
(漢軍)에 의해 포위되고 말았다. 항우군은 숫자도 적었을 뿐만 아니라 군
량마저 떨어졌는데, 밤이 되자 사방에서 초나라의 노래 소리가 들려왔다.
이때의 상황이 바로 인용문이다.

• 속 담

가자니 태산(泰山)이요, 돌아서자니 숭산(崇山)이라.
덫에 치인 범이요, 그물에 걸린 고기라.
독 안에 든 쥐다.
빼지도 박지도 못하겠다.
잡은 범의 꼬리 놓아버리기도 어렵다.

• 용 례:

적군은 사면초가에 빠져 최후의 발악을 했다.

蛇足(사족)

· 蛇: 뱀 사   · 足: 발 족

· **뜻풀이**

뱀의 발이란 뜻. 쓸데없는 군더더기를 덧붙이려다 일을 그르치게 됨을 비유하는 말.

· **활용형**

添蛇足(첨사족), 畵蛇(화사), 畵蛇添足(화사첨족)

· **유사어**

弄巧反拙(농교반졸), 弄巧成拙(농교성졸), 牀上施牀(상상시상)
牀上安牀(상상안상), 屋下架屋(옥하가옥)

· **유 래**

楚有祠者, 賜其舍人卮酒. 舍人相謂曰: "數人飮之不足, 一人飮之有餘.
請畫地爲蛇, 先成者飮酒." 一人蛇先成, 引酒且飮之, 乃左手持卮, 右手
畫蛇, 曰: "吾能爲之足." 未成, 一人之蛇成, 奪其卮曰: "蛇固無足, 子安
能爲之足?" 遂飮其酒. 爲蛇足者, 終亡其酒.

〔戰國策, 齊策〕

전국시대 초(楚)나라 회왕(懷王) 때 어떤 인색한 사람이 제사를 지낸 뒤
여러 하인들 앞에 술 한 잔을 내놓으면서 나누어 마시라고 했다. 그러자
하인들이 서로 말했다. "여러 사람이 나누어 마시기엔 모자라지만 혼자 마
시기엔 충분하다. 땅바닥에 뱀을 그리기로 하는데 제일 먼저 그리는 사람
이 혼자 다 마시도록 하자." 한 하인이 뱀을 먼저 그리고는 술을 막 마시
려고 왼손으로 술잔을 들고 오른손으로 뱀을 그리면서 말했다. "나는 뱀의
다리도 그리고 있네." 아직 그 뱀의 다리가 다 그려지기 전에, 다른 사람
이 뱀을 완성하고는 술잔을 빼앗으며 말했다. "뱀은 본디 다리가 없거늘
그대는 어찌 뱀의 다리를 그리려 한단 말이오." 마침내 그 술을 마셨다.
뱀의 다리를 그리고자 한 사람은 끝내 술을 마시지 못했다.

· 속 담

고깔 뒤에 군헝겊.

뱀 발을 덧붙인다.

· 용 례

그 녀석을 단념시켜야 하는 마당에 무슨 사족이 필요하겠는가.

三顧草廬(삼고초려)

· 三: 석 삼   · 顧: 돌아볼 고   · 草: 풀 초   · 廬: 풀집 려

• 뜻풀이

  초가집을 세 번 찾아간다는 뜻. 사람을 구함에 있어 정성을 다한다는 말.

• 활용형

  三顧(삼고), 三顧之禮(삼고지례), 草廬三顧(초려삼고)

• 유사어

  三顧隆中(삼고륭중), 三顧茅廬(삼고모려), 三顧知遇(삼고지우)

• 유 래

  臣本布衣, 躬耕南陽, 苟全性命於亂世, 不求聞達於諸侯. 先帝不以臣卑
  鄙, 猥自枉屈, 三顧臣於草廬之中, 諮臣以當世之事. 由是感激, 遂許先
  帝以驅馳.

  〔古文眞寶, 諸葛孔明, 出師表〕

  저는 원래 평민이어서 남양(南陽)에서 몸소 밭을 갈며, 저 난세 중에서도
  구차스럽게 목숨을 보전하고자 하여, 제후에게 나아가 이름이 알려지기를
  구하지 않았습니다. 선제(先帝)께서는 저를 비천하다고 여기지 않으시고
  외람되이 몸소 왕림하시어 저의 누추한 초가집을 세 번이나 찾아오셔서
  저에게 당시의 일을 자문하셨습니다. 이로 말미암아 감격하여 드디어 선
  제께 부지런히 일할 것을 약속했던 것입니다.

• 심화이해

  조조(曹操)는 조정을 좌우하고 있었고, 손권(孫權)은 동오(東吳)에서 할거
  하고 있어서, 한(漢)의 종실(宗室)이었던 유비(劉備)는 이러한 군웅들을 물리
  치고 왕실을 바로 세우고자 인재를 구했다. 바로 이때 유비는 서서(徐庶)로
  부터 제갈량(諸葛亮)을 천거받아 그를 얻고자 세 번이나 찾아간 일화가 있
  는데, 이를 제갈량이 회고한 것이 바로 인용문이다. 제갈량은 유비의 군사
  (軍師)가 되어 수많은 계책으로 승전함으로써 촉나라의 기틀을 마련했다.

• 용 례

  삼고초려하는 마음으로 인재를 등용해야 한다.

桑田碧海(상전벽해)

· 桑: 뽕나무 상　· 田: 밭 전　· 碧: 푸를 벽　· 海: 바다 해

· 뜻풀이
　뽕나무밭이 변해 푸른 바다가 된다는 뜻. 세상사의 심한 변천이나 덧없음을
　비유하는 말.

· 활용형
　碧海桑田(벽해상전), 桑碧(상벽), 桑海(상해)

· 유사어
　陵谷之變(능곡지변), 桑田滄海(상전창해), 桑滄之變(상창지변), 滄桑(창상)
　滄桑變(창상변), 滄桑之變(창상지변), 滄海桑田(창해상전)

· 유 래
　　洛陽城東挑李花　　　　　飛來飛去落誰家
　　洛陽女兒惜顔色　　　　　行逢落花長嘆息
　　今年花落顔色改　　　　　明年花改復誰在
　　已見松柏摧爲薪　　　　　更聞桑田變成海

　　　　　　　　　　　　　　　　　〔劉廷芝, 大悲白頭翁〕

　　낙양성 동쪽의 복숭아꽃 오얏꽃은,
　　이리저리 날아서 뉘 집에 지는가.
　　낙양의 어린 소녀 고운 얼굴이 아까워,
　　지는 꽃 바라보며 길게 한숨 짓는다.
　　올해 꽃이 지면 그 얼굴에 나이를 먹어,
　　내년에 피는 꽃은 누가 보려나.
　　이미 송백 부러져 땔나무 되는 것을 보았건만,
　　다시 뽕나무밭이 변하여 푸른 바다가 되는 것을 듣겠네.

· 용 례
　상전벽해 될지라도 내 마음이야 변하겠는가.

塞翁之馬(새옹지마)

·塞: 변방 새   ·翁: 늙은이 옹   ·之: 갈 지   ·馬: 말 마

· 뜻풀이

변방 노인의 말이란 뜻. 인생의 길흉화복은 변화무쌍하여 예측할 수 없음을
비유하는 말.

· 활용형

人間萬事塞翁之馬(인간만사새옹지마), 北翁馬(북옹마), 塞翁馬(새옹마)

· 유사어

苦盡甘來(고진감래), 吉凶禍福(길흉화복), 塞翁得失(새옹득실)
塞翁禍福(새옹화복), 生者必滅(생자필멸), 榮枯盛衰(영고성쇠)
因敗爲功(인패위공), 因禍爲福(인화위복), 轉禍爲福(전화위복)
禍福糾纆(화복규묵), 禍福糾繩(화복규승)

· 유 래

夫禍福之轉而相生, 其變難見也. 近塞上之人, 有善術者, 馬無故亡而入
胡, 人皆弔之. 其父曰: "此何遽不爲福乎?" 居數月, 其馬將胡駿馬而歸,
人皆賀之. 其父曰: "此何遽不能爲禍乎?" 家富良馬, 其子好騎, 墮而折
其髀, 人皆弔之. 其父曰: "此何遽不爲福乎?" 居一年, 胡人大入塞, 丁壯
者引弦而戰, 近塞之人, 死者十九, 此獨以跛之故, 父子相保. 故福之爲
禍, 禍之爲福, 化不可極, 深不可測也.

〔淮南子, 人間訓〕

화(禍)와 복(福)이 돌며 서로를 낳는 것인데, 그 변화는 알기 어려운 것
이다. 국경의 변방 가까운 곳에 점을 잘 치는 사람이 살고 있었다. 어느날
그의 말이 아무런 까닭 없이 도망하여 오랑캐 땅으로 들어가자, 마을 사
람들이 모두 위로했다. 노인이 말했다. "이것이 어찌 복이 되지 않겠는
가?" 몇 달이 지나서 그 말이 오랑캐의 준마를 이끌고 돌아오자, 마을 사
람들이 모두 축하했다. 노인이 또 말했다. "이것이 어찌 재앙이 되지 않겠

는가?" 집에 좋은 말이 늘어나니, 그의 아들이 말타기를 좋아하다가 말에서 떨어져 그만 다리뼈가 부러지자, 마을 사람들이 모두 위로했다. 노인이 말했다. "이것이 어찌 복이 되지 않겠는가?" 일 년이 지나서 오랑캐들이 변방으로 크게 쳐들어와 장정들이 모두 활을 당기며 싸웠다. 그래서 변방 가까이 사는 사람들이 십 명 중 아홉 명은 죽었지만 노인의 아들만은 홀로 절름발이었기 때문에 부자가 모두 무사했다. 그러므로 복이 재앙이 되기도 하고, 재앙이 복이 되기도 하니, 그 변화를 헤아릴 수가 없고 그 깊이를 살필 수가 없다.

• 속 담

음지가 양지되고 양지가 음지된다.
이랑이 고랑되고 고랑이 이랑된다.
한 달이 크면 한 달은 작다.

• 용 례

새옹지마처럼 반복되는 기나긴 운명의 희롱은 우리를 지치게 한다.

西施矉目(서시빈목)

· 西: 서녘 서　· 施: 베풀 시　· 矉: 찡그릴 빈　· 目: 눈 목

· **뜻풀이**

서시가 눈살 찌푸렸다는 뜻. 무엇이 좋고 나쁜 것인지 생각지 않고 남의 흉내를 내는 것을 일컫는 말.

· **활용형**

效矉(효빈)

· **유사어**

西施捧心(서시봉심), 西施效矉(서시효빈)

· **참고어**

弄巧反拙(농교반졸)

· **유　래**

西施病心而矉其里, 其里之醜人見之而美之, 歸亦捧心而矉其里. 其里之富人見之, 堅閉門而不出, 貧人見之, 挈妻子而去之走. 彼知矉美, 而不知矉之所以美.

〔莊子, 天運篇〕

서시는 속병이 있어서 늘 눈살을 찌푸리고 마을을 다녔는데, 그 마을의 추녀는 서시의 그런 모습을 보고 아름답다고 생각했다. 그래서 추녀는 한 손으로 가슴을 받치고 눈살을 찌푸리며 마을을 돌아다녔다. 그러자 마을의 부자들은 그러한 모습을 보고는 문을 닫고 나오지를 않았으며, 가난한 사람들도 역시 그러한 모습을 보고는 처자를 이끌고 도망쳤다는 이야기가 있다. 추녀는 서시의 눈살을 찌푸린 모습이 아름답다는 것을 알았어도 무엇 때문에 눈살을 찌푸린 모습이 아름다운지는 알지 못했다.

· **심화이해**

공자가 옛날 주나라의 문왕(文王)·무왕(武王)·주공(周公)이 편 예악을 노나라와 위나라에 일으키려고 한 것을, 서시빈목을 흉내내려는 추녀에 빗

대어 장자가 비난한 것이다. 곧 외형만을 볼 뿐 본질을 보지 못함을 비꼬고 있는 것이다.

- **속 담**

거문고 인 놈이 춤을 추면, 칼 쓴 놈도 춤을 춘다.

마른 놈 따라 굶는다.

망둥이가 뛰니까 빗자루가 뛴다.

산이 우니 돌이 운다.

- **용 례**

그녀는 서시빈목의 이유를 모르면서 그녀의 찡그림을 무조건 따라하여 사람들의 웃음거리가 되고 말았다.

噬臍莫及(서제막급)

·噬: 물 서 ·臍: 배꼽 제 ·莫: 말 막 ·及: 미칠 급

•뜻풀이
배꼽을 물려고 하지만 입이 닿지 않는다는 뜻. 어떤 기회를 잃고 난 뒤에는 아무리 후회해도 소용이 없음을 일컫는 말.

•유사어
追悔莫及(추회막급), 悔之無及(회지무급), 後悔莫及(후회막급)

•유 래
楚文王伐申, 過鄧. 鄧祈侯曰:"吾甥也." 止而享之. 騅甥·聃甥·養甥 請殺楚子, 鄧侯弗許. 三甥曰:"亡鄧國者, 必此人也. 若不早圖, 後君噬 齊. 其及圖之乎! 圖之, 此爲時矣." 鄧侯曰:"人將不食吾餘." 對曰:"若 不從三臣, 抑社稷實不血食, 而君焉取餘?" 弗從. 還年, 楚子伐鄧, 十六 年, 楚復伐鄧, 滅之.

[春秋左氏傳, 莊公 六年條]

초(楚)나라 문왕(文王)이 신(申)나라를 치기 위해 등(鄧)나라를 지나게 되었다. 등나라의 기후(祈侯)가 "나의 생질이다."고 말하면서, 그를 머물게 하여 잘 대접을 했다. 그때에 기후의 다른 세 생질인 추생·담생·양생이 초나라 문왕을 죽이자고 청했으나, 등나라 기후가 허락하지 않았다. 그러자 세 생질은 말했다. "등나라를 멸망시킬 자는 반드시 이 사람입니다. 만약 빨리 없애지 않는다면 나중에 군주께서 배꼽을 물려고 해도 입이 닿지 않을 것입니다. 늦기 전에 없애기를 도모하십시오. 이 사람을 없애려면 지금이 그 시기입니다." 등나라 기후가 말했다. "내가 생질을 죽인다면, 사람들은 내가 남긴 음식을 먹지 않을 것이다." 이에 대해 세 생질들이 말했다. "만일 저희들 세 신하가 올리는 말씀을 듣지 않으신다면 사직이 실로 제사를 받지 못할 것인데, 군주께서는 어찌 드시고 남는 것만을 말씀하십니까?" 그러나 등나라 기후는 끝내 그들의 의견을 듣지 않았다. 싸움을 끝내고 돌아가는 해에 초나라 문왕은 등나라를 쳤고, 노(魯)나라의 장공(莊公) 십육 년에 초나라는 다시 등나라를 쳐서 멸망시켰다.

•용 례
그 일을 하고 나니 서제막급이었지만 이제는 어찌할 수가 없다.

首丘初心(수구초심)

·首: 머리 수 ·丘: 언덕 구 ·初: 처음 초 ·心: 마음 심

· 뜻풀이

 자기가 살던 구릉쪽에 머리를 두고 죽는 것은 그 근본을 잊지 않는다는 뜻. 태어난 고향을 생각하는 간절한 마음이나 근본을 잊지 않는 마음을 일컫는 말.

· 활용형

 丘首(구수), 首丘(수구)

· 유사어

 首丘懷戀(수구회련), 狐死首丘(호사수구), 回歸本能(회귀본능)

· 유 래

 太公封於營丘, 比及五世, 皆反葬於周. 君子曰: "樂樂其所自生, 禮不忘其本. 古之人有言曰: '狐死正丘首,' 仁也."

[禮記, 檀弓 上篇]

 태공(太公)26)은 영구(營丘)27)에 봉해졌는데, 오대(五代)에 이르기까지 도리어 주나라에서 장사(葬事)지냈다. 군자가 말했다. "음악은 자연적으로 발생하는 바를 즐기며, 예란 근본을 잊어서는 안 되는 것이다. 옛사람들의 말에도 있듯이, '여우가 죽을 때에 머리를 자기가 살던 굴 쪽으로 바르게 향하고 죽는다'고 한 말이야말로 인(仁)을 행하는 마음이다."

· 심화이해

 은(殷)나라 말기의 여상(呂尙)은 깊은 학문을 쌓았지만 그것을 알아주는 사람이 없어 매일 위수(渭水)가에서 낚시를 하며 소일하고 있었다. 그러다 위수가에 사냥하러 나왔던 서백(西伯) 창(昌)을 만나게 된다. 창은 주왕(紂王)을 토벌하기 위해 현자를 찾고 있던 터였다. 여상은 창을 도와 패업의

---

26) 태공: 문왕과 무왕을 도와서 은나라를 멸하고 주나라를 일으킨 여상(呂尙)인데, 태공망(太公望)이라고도 함.

27) 영구: 제(齊)나라의 지명.

기틀을 마련했을 뿐만 아니라 창의 아들 발(發)을 도와 마침내 은나라를 멸망시키고 주나라를 세우는 개국공신이 되었다. 그 공로로 영구(營丘)에 봉해졌다가 그곳에서 죽었지만, 그를 포함하여 5대손까지 주나라에서 장사 지내졌다고 한다. 이를 두고 당시의 군자들이 말한 내용이 인용문이다.

• 속 담

못에 갇힌 고기는 옛 놀던 물을 그리워한다.
호마(胡馬)는 북풍(北風)을 그리워한다.

• 용 례

  고향을 이북에 둔 실향민들은 잠시라도 고향으로 돌아가려는 수구초심을 잊을 수 있겠는가.

水魚之交(수어지교)

· 水: 물 수   · 魚: 고기 어   · 之: 갈 지   · 交: 사귈 교

· 뜻풀이

물고기와 물과 같은 사이라는 뜻. 부부나 군신의 관계처럼 끊을래야 끊을 수 없는 친밀한 사이를 일컫는 말. 오늘날에는 변치 않는 깊은 우정의 관계에도 쓰인다.

· 유사어

魚水之親(어수지친), 猶魚有水(유어유수), 風雲之會(풍운지회)

· 유 래

先主曰: "善." 於是與亮情好日密. 關羽張飛等不悅, 先主解之曰: "孤之有孔明, 猶魚之有水也. 願諸君勿復言." 羽飛乃止.

[三國志, 蜀書, 諸葛亮傳]

선주(先主: 劉備)가 말했다. "좋다." 그래서 제갈량과 정분이 두터워져서 날로 더욱 친밀해졌다. 이에 관우(關羽)와 장비(張飛) 등이 기뻐하지 않자, 선주는 그들을 위로하며 말했다. "내게 제갈공명이 있는 것은 마치 물고기가 물에 있는 것과 같다. 원컨대 그대들은 두 번 다시 말하지 말라." 관우와 장비는 이에 더 이상 불평을 하지 않았다.

· 심화이해

삼국시대 때 조조(曹操)는 강북의 땅을 차지하고 손권(孫權)은 강동에서 기반을 굳히고 있었지만, 유비는 아직 그렇지 못하고 있었다. 유비의 측근에는 관우나 장비 같은 훌륭한 장수가 있었지만 천하를 도모할 만한 뛰어난 모사가 없었던 것이다. 그러다가 삼고초려를 한 끝에 27세의 제갈공명을 만남으로써 그를 절대적으로 신뢰했다. 유비가 그를 스승으로 모시면서 침식까지 함께 하자, 관우와 장비는 젊은 사람에게 너무 과분한 대우라며 비난했다. 이에 대한 유비의 대답이 바로 인용문이다.

- **속 담**

  구름 가는 곳에 비가 내린다.

  바늘 가는데 실도 간다.

- **용 례**

  너와 나는 수어지교이니, 너 없으면 살 수 없다.

守株待兔(수주대토)

· 守: 지킬 수 　· 株: 그루 주 　· 待: 기다릴 대 　· 兎: 토끼 토

· 뜻풀이

그루터기에 앉아서 토끼를 기다린다는 뜻. 달리 변통할 줄 모르고 어리석게 한 가지만 기다리는 융통성 없는 일을 비유하는 말.

· 활용형

待兎(대토), 守株(수주), 守兎(수토)

· 유사어

刻舟求劍(각주구검), 膠瑟(교슬), 膠柱鼓瑟(교주고슬), 墨守(묵수)

· 유 래

宋人有耕田者, 田中有株, 兎走觸株, 折頸而死, 因釋其耒而守株, 冀復得兎, 兎不可復得, 而身爲宋國笑.

[韓非子, 五蠹篇]

송(宋)나라에 사는 한 농부가 어느날 밭을 갈고 있었다. 밭 가운데 그루터기가 있었는데, 토끼 한 마리가 갑자기 뛰어나오다 그 그루터기에 머리를 들이받더니 그만 목이 부러져 죽고 말았다. 이런 일이 있고 나서부터 농부는 쟁기를 던져두고 매일 그루터기를 지키며 마냥 다시 토끼가 와서 부딪혀 죽기만을 바랐다. 그러나 토끼는 다시 얻을 수가 없었고, 그 자신은 오히려 송나라 사람들의 웃음거리가 되고 말았다.

· 심화이해

한비자(韓非子)는 태고시대에 유소씨(有巢氏)가 나무를 엮어 집을 만들고 수인씨(燧人氏)가 나무를 비벼 불을 만들었다고 해서 후세 사람들이 그렇게 해야 한다는 것은 어불성설로 생각했다. 그래서 유가들이 주나라 문왕과 무왕의 태평성대로 되돌아가자고 한 것을 공격하면서 변통(變通)없는 답습이 얼마나 우스운 노릇인가를 우언을 빌어 설명한 것이 바로 인용문이다.

- 속 담

  감나무 밑에 누워 홍시 떨어지기를 기다린다.
  노루 때리던 막대.
  손 안 대고 코 풀려고 한다.
  앉아서 일이 성취되기만 기다리다.
  하나만 알고 둘은 모른다.
  힘을 들이지 않고 요행수를 바라다.

- 용 례

  우리들은 힘든 일을 싫어하고 쉽게 벌고자 하늘만 쳐다보는 것과 같은
  수주대토의 우를 범해서는 안 된다.

壽則多辱(수즉다욕)

· 壽: 목숨 수 · 則: 곧 즉 · 多: 많을 다 · 辱: 욕될 욕

• 뜻풀이

오래 살면 욕됨이 많다는 뜻. 오래 살수록 수치스런 일을 수없이 겪게 됨을 일컫는 말.

• 유사어

多男多懼(다남다구)

• 유 래

堯觀乎華. 華封人曰: "噫. 聖人, 請祝聖人. 使聖人壽." 堯曰: "辭." "使聖人富." 堯曰: "辭." "使聖人多男子." 堯曰: "辭." 封人曰: "壽·富·多男子, 人之所欲也, 女獨不欲, 何邪?" 堯曰: "多男子則多懼, 富則多事, 壽則多辱. 是三者, 非所以養德也, 故辭."

〔莊子, 天地篇〕

요(堯)임금이 화산(華山)의 땅을 보러갔다. 화산의 국경을 지키는 하급관리(封人)가 말했다. "아아, 성인이시군요. 청컨대 저에게 성인을 축복하고, 성인의 장수를 빌게 하도록 해주소서." 요임금이 말했다. "사양하겠소." "성인으로 하여금 부자가 되소서." 요임금이 말했다. "사양하겠소." "그러면 성인으로 하여금 아들을 많이 두소서." 요임금이 말했다. "그것도 사양하겠소." 하급관리가 물었다. "장수와 부귀와 많은 아들은 누구나 바라는 바이온데, 성인께서는 홀로 바라지 않으시니 어째서입니까?" 요임금이 말했다. "아들이 많으면 걱정이 많고, 부유하면 일이 많고, 오래 살면 욕됨이 많은 법이다. 이 세 가지는 덕을 기르는 것이 아니기 때문에 사양하는 것이다."

• 심화이해

장자가 요임금을 매개로 하여 인위적인 행위와 잔꾀를 부리지 말고 자연의 원리에 따라 자유로운 경지에서 살라는 도가의 사상을 나타낸 것이 인용문이다.

• 속 담

　시어머니가 오래 살다가 며느리 환갑날 국수 양푼에 빠져 죽는다.

　이 세상은 언제나 꽃동산이 아니다.

　하룻 길을 가다 보면 소 탄 놈도 보고 말 탄 놈도 본다.

• 용 례

　노인네들이 '늙으면 죽어야 한다'고 하는 말은 일종의 수즉다욕을 나타내는 말이다.

水淸無大魚(수청무대어)

·水: 물 수 ·淸: 맑을 청 ·無: 없을 무 ·大: 큰 대 ·魚: 고기 어

• 뜻풀이
물이 너무 맑으면 큰 물고기가 없다는 뜻. 사람이 너무 결백하면 남이 가까이하지 않음을 비유하는 말.

• 활용형
水至淸則無魚(수지청즉무어), 水淸無魚(수청무어)

• 유래
超被徵, 以戊己校尉任尙爲都護, 與超交代. 尙謂超曰: "君候在外國三十餘年, 而小人猥承君後, 任重慮淺, 宜有以誨之." 超曰: "年老失智, 任君數當大位, 豈班超所能及哉! 必不得已, 願進愚言. 塞外吏士, 本非孝子順孫, 皆以罪過徙補邊屯. 而蠻夷懷鳥獸之心, 難養易敗. 今君性嚴急, 水淸無大魚, 察政不得下和. 宜蕩佚簡易, 寬小過, 總大綱而已." 超去後, 尙私謂所親曰: "我以班君當有奇策, 今所言平平耳." 尙至數年, 而西域反亂, 以罪被徵, 如超所戒.

[後漢書, 班超傳]

반초는 귀국하라는 부름을 받아, 후임 도호(都護)로 임명된 무기교위(戊己校尉) 임상(任尙)과 교대했다. 임상이 반초에게 물었다. "군후(君候)께서는 변방에 30여 년을 계셨는데, 이제 제가 외람되이 군후의 뒤를 잇게 되었습니다. 책임은 막중하나 생각이 얕으니 마땅히 가르쳐 주십시오." 반초가 대답했다. "나는 나이도 늙고 지혜도 흐려졌으나 그대는 여러 차례 큰 지위를 감당했으니 어찌 내가 능히 말할 바가 있겠소? 그렇지만 부득이하게 어리석은 몇 말을 하겠소. 변방에 있는 벼슬아치들은 본디 효성이 있고 유순한 자손이 아니어서 모두 죄과로 귀양보내져 근무하는 자들이네. 또 오랑캐들은 짐승과 같은 마음을 품고 있어서 다스리기는 어렵고 패하기가 쉽네. 지금 보아하니 그대는 성격이 매우 엄격하고 급해 보이네. 본

디 물이 너무 맑으면 큰 물고기가 살지 못하는 법이네. 정치도 너무 엄하게 하면 아랫사람이 따르지 않네. 마땅히 사소한 일은 덮어두고 작은 잘못은 관대하게 다스리는 등 대범하게 다스릴 따름이네." 반초가 떠나간 후에, 임상은 가까운 사람들에게 말했다. "나는 반초에게 서역을 평정하는 기묘한 정책이 있을 것으로 생각했는데, 지금 하시는 말씀은 지극히 평범한 말뿐이구나." 임상이 부임한 지 수년만에 서역은 반란이 일어났고, 그 반란을 일으키게 만든 죄로써 임상은 소환을 당하였으니 반초가 경계한 그대로였다.

• 용 례

자네는 성격이 지나치게 결백하여 수청무대어처럼 주위에 가까운 사람이 없는 것일세.

脣亡齒寒(순망치한)

·脣: 입술 순 ·亡: 잃을 망 ·齒: 이 치 ·寒: 찰 한

• 뜻풀이
입술이 없으면 이가 시리다는 뜻. 어느 한쪽이 망하면 다른 한쪽도 온전하기 어려워 서로 떨어질 수 없는 밀접한 관계를 일컫는 말.

• 활용형
脣齒輔車(순치보거), 脣齒相依(순치상의), 脣齒之國(순치지국)

• 유사어
車之兩輪(거지양륜), 輔車相依(보거상의), 鳥之兩翼(조지양익)

• 유 래
晉侯復假道於虞以伐虢. 宮之奇諫曰: "虢, 虞之表也, 虢亡, 虞必從之. 晉不可啓, 寇不可翫. 一之謂甚, 其可再乎? 諺所謂 '輔車相依, 脣亡齒寒'者, 其虞·虢之謂也."

[春秋左氏傳, 僖公 五年條]

　진(晉)나라 헌공(獻公)이 우(虞)나라에게 괵(虢)을 치고자 길을 열어줄 것을 요청했다. 이때 우나라의 궁지기(宮之奇)라는 현신이 우왕에게 간했다. "괵나라는 우리 나라의 외곽입니다. 괵이 망하면 우리 나라도 반드시 망하고 말 것입니다. 진나라에게 길을 열어주어서는 아니 되고, 도적도 가지고 놀아서는 아니 됩니다. 전에 한 번 길을 내준 것도 너무나 심한데, 어찌다시 내줄 수 있습니까? 속담에 소위 '수레의 짐받이 판자와 수레바퀴는 서로 의지하고, 입술이 없으면 이가 시리다'고 한 것은 곧 우와 괵의 관계를 말하는 것입니다."

• 심화이해
　진(晉)나라 헌공(憲公)의 요구에 대해 우(虞)나라의 궁지기(宮之奇)가 위의 인용문과 같이 부당함을 간했지만, 진나라로부터 뇌물을 받은 우왕이 그의 말을 듣지 않았다. 결국 괵을 정벌하고 돌아오던 진나라의 이극(里

克)장군으로부터 공격을 당해 우나라는 멸망하고 말았다.

- **속 담**

  실과 바늘 사이이다.

  입술이 없으면 이가 시리다.

- **용 례**

  가깝게 지내던 이웃 나라가 침범을 당하니 순망치한이 될까 염려스럽다.

識字憂患 (식자우환)

·識: 알 식   ·字: 글자 자   ·憂: 근심 우   ·患: 근심 환

- **뜻풀이**

글자를 아는 것이 도리어 근심의 시발점이라는 뜻. 옅은 지식으로 말미암아 겪는 어려움을 일컫는 말.

- **활용형**

人生識字憂患始(인생식자우환시)

- **유 래**

人生識字憂患始	姓名麤記可以休
何用草書誇神速	開卷悄悅令人愁

[蘇軾, 蘇東坡詩集 卷六, 石蒼舒醉墨堂詩]

세상살이에 안다는 것이 근심의 시작이니,
이름자나 쓸 줄 알면 그저 편히 쉬리라.
어찌 초서를 씀에 신속함을 자랑하는가,
책을 펼치니 어질어질 근심스럽기만 하네.

- **속 담**

들으면 병이 되고, 안 들으면 약이 된다.
모르는 것이 부처.
무식이 상팔자.
아는 것이 병이고 모르는 게 약이다.

- **용 례**

  때로는 아는 것이 일을 그르친다는 식자우환을 명심하여, 안다고 해서 무조건 덤벼들지 말고 침착해야 한다.
  아는 것이 병이라는 것을 식자우환이라고 했듯, 너무 많이 아는 것이 탈이었는지도 모른다.

揠苗助長(알묘조장)

·揠: 뽑을 **알**　·苗: 싹 **묘**　·助: 도울 **조**　·長: 자랄 **장**

● **뜻풀이**

곡식의 싹을 잡아당겨 빨리 자라도록 돕는다는 뜻. 자연의 순리를 거스르고 일을 서두르다 오히려 그르치는 것을 일컫는 말.

● **활용형**

揠苗(알묘), 助長(조장)

● **유사어**

過不及(과불급), 過猶不及(과유불급), 拔錨助長(발묘조장)

● **유　래**

宋人有閔其苗之不長而揠之者, 芒芒然歸, 謂其人曰: "今日病矣! 予助苗長矣!" 其子趨而往視之, 苗則槁矣. 天下之不助苗長者寡矣. 以爲無益而舍之者, 不耘苗者也, 助之長者, 揠苗者也, 非徒無益, 而又害之.

〔孟子, 公孫丑〕

송(宋)나라에 곡식 싹이 빨리 자라지 않는 것이 걱정되어 싹을 뽑아 올린 사람이 있었다. 그리고 나서 그는 지쳐 맥빠진 모습으로 돌아와 그의 집사람들에게 말했다. "오늘은 피곤하구나! 내가 곡식의 싹이 빨리 자라도록 도와주었다." 그의 아들이 달려가서 보니, 곡식의 싹은 시들어 있었다. 천하에 싹이 자라는 것을 돕지 아니하는 자는 거의 없다. 무익하다고 하여 버리는 자는 싹을 김매지 않는 자요, 빨리 자라도록 돕는 자는 싹을 뽑아올리는 자이니, 이는 무익할 뿐만 아니라 도리어 해치는 것이다.

● **심화이해**

인간은 끊임없이 외부 사물의 유혹을 받는 가운데 내면 수양에 힘써야 하는데, 그 방법으로 호연지기(浩然之氣)를 제시한 것이 맹자이다. 맹자는 그의 제자 공손추에게 이 호연지기를 아예 포기하거나 그것을 위해 너무 서두르는 것을 경계하는 것으로써 들려준 고사가 바로 인용문이다.

• 속 담

급히 먹는 밥에 체한다.

솥 속에 콩도 쪄야 익지.

빠른 걸음에 넘어지기 쉽다.

• 용 례

국방의 의무를 다하지 않고 해외로 도피 유학을 떠나고자 하는 풍토를
이른바 알묘조장하는 책임은 누구에게 있는가.

羊頭狗肉(양두구육)

· 羊: 양 양 · 頭: 머리 두 · 狗: 개 구 · 肉: 고기 육

· **뜻풀이**

밖에는 양 머리를 걸어 놓고 안에서는 개고기를 판다는 뜻. 겉과 속이 다르
거나, 겉으로는 훌륭하나 속으로는 속임수를 쓸 때 이르는 말.

· **활용형**

懸羊頭賣狗肉(현양두매구육), 懸羊首賣馬肉(현양수매마육)
懸牛首馬肉(현우수마육)

· **유사어**

구밀복검(口蜜腹劍), 似是而非(사시이비), 羊質虎皮(양질호피)
牛首馬關(우수마관), 表裏不同(표리부동), 衒玉賣石(현옥매석)

· **유 래**

靈公好婦人而丈夫飾者. 國人盡服之, 公使吏禁之, 曰: "女子而男子飾
者, 裂其衣, 斷其帶!" 裂衣斷帶, 相望而不止. 晏子見, 公問曰: "寡人使
吏禁女子而男子飾者, 列斷其衣帶, 相望而不止者, 何也?" 晏子對曰:
"君使服之於內, 而禁之於外, 猶懸牛首於門, 而賣馬肉於內也. 公何以不
使內勿服, 則外莫敢爲也?" 公曰: "善." 使內勿服, 不踰月, 而國人莫之
服.

〔晏子春秋, 內篇, 雜下〕

　제(齊)나라 영공(靈公)은 궁중의 여인들에게 남장을 시키는 것을 좋아했
다. 온 나라 여인들도 다 따라서 남장을 하니, 영공은 관리들을 시켜 그것
을 금지하는 영을 내렸다. "여자이면서 남장을 하는 사람은 옷을 찢고 관
대를 잘라버려라." 그러나 옷을 찢고 관대를 잘라버렸는데도 그치지 않았
다. 안자(晏子)가 알현하니, 영공이 물었다. "나는 관리를 시켜 여자이면서
남장하는 것을 금지하여 옷을 찢고 관대를 잘랐거늘 그치지 않는 것은 무
엇 때문이오?" 안자가 대답했다. "임금께서 궁중 안에서는 남장하도록 하

면서 궁중 밖에서만 못하도록 한 것은 마치 소의 머리를 문밖에 걸어놓고 안에서는 말고기를 파는 것과 같은 것입니다. 임금께서는 어찌하여서 궁중 안에서는 남장을 못하도록 하지 않으면서 궁중 밖에서 감히 하지 못하도록 하십니까?" 영공이 대답했다. "옳도다." 그래서 궁중 안에서도 남장을 하지 못하도록 하니 몇 달이 지나지 않아 온 나라 여인들이 남장을 하지 않았다.

• 속 담
명주 자루에 개똥.
양의 탈을 쓴 이리다.
허울 좋은 한울타리.

• 용 례
양두구육 같은 상행위는 뿌리를 뽑아 없애야 한다.

梁上君子(양상군자)

·梁: 대들보 량 ·上: 위 상 ·君: 군자 군 ·子: 아들 자

• 뜻풀이

대들보 위에 있는 군자라는 뜻. 주로 도둑을 점잖게 일컫는 말이나, 더러는
죄를 비유하여 일컫기도 하는 말.

• 유사어

綠林客(녹림객), 綠林豪傑(녹림호걸), 無本大商(무본대상)

• 유 래

時歲荒民儉, 有盜夜入其室, 止於梁上. 寔陰見, 乃起自整拂, 呼命子孫,
正色訓之曰: "夫人不可不自勉. 不善之人, 未必本惡, 習以性成, 遂至於
此. 梁上君子者是矣!" 盜大驚, 自投於地, 稽顙歸罪. 寔徐譬之曰: "視君
狀貌, 不似惡人, 宜深剋己反善. 然此當由貧困." 令遺絹二匹. 自是一縣
無復盜竊.

[後漢書, 陳寔傳]

어느 해에 심한 흉년이 들어 사람들은 괴로움을 겪고 있었다. 그러던 어
느날 밤에 도둑이 진식(陳寔)의 방에 들어와 대들보 위에 숨었다. 진식은
은근히 이 사실을 알았지만, 조용히 일어나 위엄을 갖추고 아들과 손자를
불러들인 다음 정색하고 그들을 훈계하여 말했다. "모름지기 사람은 스스
로 힘쓰지 않으면 안 된다. 착하지 않은 사람도 반드시 본래 악한 것이
아니라 평소에 나쁜 습관으로 인해 성격이 변해 마침내 악을 행하는 지경
에 이르게 된 것이다. 저 위에 있는 양상군자도 이와 같은 사람이다." 도
둑은 이 말을 듣고 깜짝 놀라 스스로 대들보에서 뛰어내려와 이마를 마루
에 비비며 그 죄를 빌었다. 진식은 천천히 이렇게 깨우쳐 주었다. "너의
얼굴 모습을 보니 악한 사람 같지는 않으니, 마땅히 깊이 반성하고 사사
로운 마음을 이겨 착한 사람으로 돌아가거라. 이와 같은 마음은 빈곤으로
말미암은 것일 뿐이니라." 이리하여 진식은 그 도둑에게 비단 두 필을 하

사했다. 이 일이 있고 난 후, 태구현(太丘縣)[28]은 도둑질을 하는 사람이
없어졌다.

• 용 례
　일 년도 채 안 되어 본전에 이자까지 다 챙겼으니 양상군자가 따로 있겠
는가.

---

28) 태구현: 중국 하남성에 있는 현명.

漁父之利(어부지리)

· 漁: 고기잡이 어   · 父: 아비 부   · 之: 갈 지   · 利: 이익 리

• 뜻풀이
  어부의 이익이란 뜻. 둘이 다투고 있는 사이에 엉뚱한 사람이 이익을 가로챔을 비유하는 말.

• 활용형
  漁利(어리)

• 유사어
  犬兔之爭(견토지쟁), 蚌鷸之爭(방휼지쟁), 坐收漁人之功(좌수어인지공)
  田夫之功(전부지공)

• 유 래
  趙且伐燕, 蘇代爲燕謂惠王曰: "今日臣來, 過易水, 蚌方出曝, 而鷸啄其肉, 蚌合而箝其喙. 鷸曰: '今日不雨, 明日不雨, 則有死蚌.' 蚌亦謂鷸曰: '今日不出, 明日不出, 則有死鷸.' 兩者不肯相舍, 漁者得而幷擒之. 今趙且伐燕, 燕趙久相攻, 以弊大衆, 臣恐强秦之爲漁父也. 願王熟計之也." 王曰, "善." 乃止.

  〔戰國策, 燕策〕

  조(趙)나라가 장차 연(燕)나라를 침략하려 하고 있었는데, 소대(蘇代)가 연나라를 위하여 조나라 혜왕(惠王)을 뵙고 말했다. "이번에 제가 이리로 오는 도중 이수(易水)[29]를 지나다 보니, 큰 조개가 막 나와서 햇볕을 쬐고 있었는데, 황새가 조개의 살을 쪼아대자 조개는 껍질을 닫아 황새의 부리를 물었습니다. 황새가 말하였습니다. '오늘도 비가 오지 않고 내일도 비가 오지 않는다면 곧 죽은 조개가 있게 될 것이다.' 조개도 역시 황새에게 말하였습니다. '오늘도 놓지 않고 내일도 놓지 않는다면 곧 죽은 황새가 있

---

29) 이수: 연나라와 조나라의 국경을 이루는 강 이름.

게 될 것이다.' 두 놈이 서로 놓아주려 하지 않았습니다. 그때 마침 어부가 발견하고서 이들을 모두 사로잡았습니다. 지금 조나라가 장차 연나라를 침략하려 하고 있으나, 연나라와 조나라가 오랜 동안 서로 버티어서 대중을 피폐케 한다면, 저로서는 강대한 진(秦)나라가 어부가 될까 걱정됩니다. 부디 임금께서 이를 깊이 헤아려 주시기 바라는 바입니다." 혜왕이 말했다. "옳도다." 그리고는 곧 침략 계획을 중지하였다.

• 심화이해

전국시대 때 연나라는 약소국으로서 중국의 동북방에 위치하여 서쪽으로 조나라, 남쪽으로 제나라와 인접하고 있었기 때문에 항상 양국의 끊임없는 위협을 받고 있었다. 어느 해 연나라에 심한 흉년이 들자, 이를 계기로 조나라는 연나라를 침략하려고 했다. 이를 알아챈 연나라 소왕(昭王)은 많은 병사를 제나라로 보내고 있던 터라 조나라와 싸움을 할 수가 없었다. 그래서 합종책으로 유명한 소진의 동생 소대(蘇代)를 보내 조나라 왕을 설득하도록 했다. 소대는 조나라 혜왕을 찾아가 설득한 내용이 바로 인용문이다.

• 속 담

길 닦아 놓으니까 미친년부터 지나간다.
먹지 못하는 제사에 절만 죽도록 한다.
물린 황새와 문 조개의 싸움이다.
시앗 싸움에 요강 장수.
십 년 공부 나무아미타불.
조개와 도요새의 싸움에 어부의 이득이다.
죽 쑤어 개 좋은 일 한다.

• 용 례

어부지리로 얻은 물건이라서 그런지 쉽게 없어졌다.

與民同樂 (여민동락)

·與: 더불어 여 ·民: 백성 민 ·同: 함께 동 ·樂: 즐거울 락

• 뜻풀이

백성들과 더불어 즐거움을 함께함을 일컫는 말.

• 유사어

與民偕樂(여민해락)

• 유 래

今王鼓樂於此, 百姓聞王鐘鼓之聲, 管籥之音, 擧疾首蹙頞而相告曰:
"吾王之好鼓樂, 夫何使我至於此極也? 父子不相見, 兄弟妻子離散." 今
王田獵於此, 百姓聞王車馬之音, 見羽旄之美, 擧疾首蹙頞而相告曰: "吾
王之好田獵, 夫何使我至於此極也? 父子不相見, 兄弟妻子離散." 此無
他, 不與民同樂也.

[孟子, 梁惠王]

지금 왕께서 여기서 북을 두드리며 음악을 즐기고 있는데, 백성들이 왕
께서 북을 두드리고 종을 치는 소리와 관악기나 피리 소리를 듣고는 모두
골머리를 앓으며 얼굴을 찡그린 채 서로 말합니다. "우리 임금은 음악을
좋아하시네. 그러면서도 어찌 우리를 이런 극한 지경에까지 이르게 하는
것일까? 부자(父子)는 서로 보지 못하고 형제와 처자들은 뿔뿔이 흩어지
고 있네." 또 지금 왕께서 여기서 사냥을 하신다면 백성들이 왕의 수레와
말 소리를 듣고, 깃을 꽂은 깃발의 아름다운 모습을 보고는, 모두 골머리
를 앓으며 서로 말합니다. "우리 임금은 사냥을 좋아하시네. 그러면서도
어찌 우리를 이런 극한 지경에까지 이르게 하는 것일까? 부자는 서로 보
지 못하고 형제와 처자들은 뿔뿔이 흩어지네." 이렇게 말하는 것은 다른
이유 때문이 아니라, 백성들과 함께 즐거움을 즐기시지 않기 때문입니다.

• 용 례

진정한 군왕은 여민동락하겠다는 마음씨를 가져야 한다.

緣木求魚(연목구어)

· 緣: 말미암을 연　· 木: 나무 목　· 求: 구할 구　· 魚: 고기 어

• 뜻풀이

나무에 올라 물고기를 구하려 한다는 뜻. 불가능한 일을 억지로 하려는 허무 맹랑한 바람이나, 잘못된 방법으로 어떤 목적을 이루려 함을 비유하는 말.

• 유사어

乾木生水(건목생수), 乾木水生(건목수생), 上山求魚(상산구어)
指天射魚(지천사어)

• 유 래

王曰:"否, 吾何快於是? 將以求吾所大欲也." 曰:"王之所大欲可得聞與?" 王笑而不言. 曰:"爲肥甘不足於口與? 輕煖不足於體與? 抑爲采色不足視於目與? 聲音不足聽於耳與? 便嬖不足使令於前與? 王之諸臣皆足以供之, 而王豈爲是哉?""否, 吾不爲是也." 曰:"然則王之所大欲可知已, 欲辟土地, 朝秦楚, 莅中國而撫四夷也. 以若所爲求若所欲, 猶緣木而求魚也." 王曰:"若是其甚與?" 曰:"殆有甚焉. 緣木求魚, 雖不得魚, 無後災. 以若所爲求若所欲, 盡心力而爲之, 後必有災."

[孟子, 梁惠王]

왕이 말했다. "아닙니다. 내가 어찌 그런 것을 통쾌하게 생각하겠습니까? 장차 나의 큰 욕망을 이루려는 것입니다." 맹자가 물었다. "왕께서 품고 있는 큰 욕망을 들려주실 수 있겠습니까?" 왕은 웃기만 할뿐 대답하지 않았다. 맹자가 다시 물었다. "살찐 고기와 맛있는 음식이 입에 부족하기 때문입니까? 가볍고 따뜻한 옷이 몸에 부족하기 때문입니까? 그렇지 않으면 아름다운 빛깔이 눈으로 보시기에 부족하기 때문입니까? 음악소리가 귀로 들으시기에 부족하기 때문입니까? 측근자들이 앞에서 부리시기에 부족하기 때문입니까? 왕의 여러 신하들이 모두 넉넉히 제공해 드릴 것이니 왕께서야 어찌 그런 일로 그러시기야 하겠습니까?" 왕이 대답했다. "아닙니

다. 그런 일들을 위해서 하고자 하는 것은 아닙니다." 그러자 맹자가 말했다. "그렇다면 왕께서 품고 있는 큰 욕망을 알 수 있겠습니다. 영토를 크게 확장하여 진(秦)나라나 초(楚)나라 같은 큰 나라를 굴복시키고, 중국에 군림하여 사방의 오랑캐들을 쓰다듬어 주시려는 것입니다. 그러나 그와 같은 전쟁의 방법으로써 왕께서 품고 있는 큰 욕망을 달성하시려는 것은 마치 나무에 올라가 물고기를 얻으려는 것과 같사옵니다." 왕이 물었다. "그것이 그토록 터무니없는 일입니까?" 맹자가 대답했다. "아마 그보다도 더 터무니없는 것은 거의 없을 것입니다. 나무에 올라가 물고기를 얻으려는 것은 비록 물고기만 얻지 못할 뿐 후환은 없습니다. 그러나 그런 방법으로써 왕께서 품고 있는 큰 욕망을 이루려는 것은 아무리 마음과 힘을 다 쏟아 할지라도 후에는 반드시 피해가 있을 것입니다."

• 심화이해

맹자는 인의(仁義) 중심의 왕도정치를 실현하기 위해 떠돌다가 나이 50에 제(齊)나라에 갔다. 그때 제나라 선왕(宣王)이 춘추시대의 제나라 환공(桓公)과 진(晉)나라 문공(文公)의 패업에 대해 맹자에게 물었다. 그러자 맹자는 '전쟁을 일으켜 군사와 백성의 목숨을 잃고, 또 이웃 나라의 제후들과 원수가 되겠느냐'고 묻는 것에서부터 두 사람간의 문답이 시작되는데, 그 내용이 바로 인용문이다. 결국 맹자는 제선왕에게 무모하게 무력으로 천하를 제패하겠다는 욕망을 포기하고 정치를 개혁해 왕도정치를 실시하여 민심을 수습하기를 강조하고 있다. 부국강병의 패도정치가 성행하는 당대에 맹자는 왕도정치의 실현을 위해 동분서주하고 있었던 것이다.

• 속 담

거북이의 잔등이에 털을 긁는다.

산에서 물고기 잡기.

썩은 새끼로 범 잡기.

• 용 례

오늘날 성숙된 정치력을 정치권에 기대하는 것은 연목구어처럼 어리석은 기대일까.

鳶飛魚躍(연비어약)

· 鳶: 솔개 연 · 飛: 날 비 · 魚: 고기 어 · 躍: 뛸 약

• 뜻풀이
자연스럽게 하늘에 솔개가 날고 물 속에 고기가 뛰논다는 뜻. 천지 조화의
작용이 오묘함을 일컫는 말.

• 유 래

鳶飛戾天   魚躍于淵
豈弟君子   遐不作人

〔詩經, 大雅, 文王之什, 旱麓篇〕

솔개는 하늘 위를 날고,
고기는 연못에 뛰고 있네.
어찌 점잖은 군자님께선,
인재를 잘 쓰지 않으리?

• 심화이해
인용된 시는 주나라 천자의 덕을 기린 것 중의 일부이다.

• 용 례
연비어약하니 만물 사이에 생명과 광영이 충만하도다.

五里霧中(오리무중)

·五: 다섯 오 ·里: 마을 리 ·霧: 안개 무 ·中: 가운데 중

• 뜻풀이

사방 5리가 온통 안개 속이라는 뜻. 사물의 행방이나 사태 추이를 예측하기
어려움이나, 이러지도 저러지도 못해 마음의 갈피를 잡지 못함을 일컫는 말.

• 활용형

五里霧(오리무)

• 유 래

漢安元年, 順帝特下詔告河南尹曰: "故長陵令張楷, 行慕原憲, 操擬
夷·齊, 輕貴樂賤, 竄跡幽藪, 高志確然, 獨拔羣俗. 前比徵命, 盤桓未至,
將主者頑習於常, 優賢不足, 使其難進歟? 郡時以禮發遣." 楷復告疾不
到. 性好道術, 能作五里霧. 時關西人裴優亦能爲三里霧, 自以不如楷,
從學之, 楷避不肯見.

[後漢書, 張楷傳]

한안(漢安) 원년에, 순제(順帝)는 하남(河南)의 장관에게 조서를 특별히
내리며 말했다. "옛날 장릉(長陵)의 수령 장해(張楷)는 덕행에 있어서 원헌
(原憲)30)을 사모하고, 절개에 있어서 백이와 숙제를 목표로 했다. 고귀한
것을 가벼이 알고 빈천을 즐겨 산 속에 은거하고 있지만, 그 고결한 뜻은
확연하여 많은 세속 사람들보다 뛰어났다. 이전에도 여러 번 그를 부르는
영을 내려도 머뭇거리며 사양했었다. 선왕들이 평범한 사람을 부르듯 하
고 현인을 사모하는 것이 부족하여 그처럼 나오기 어려웠단 말인가? 군의
태수는 예를 갖추어 불러 올려라." 그러나 장해는 다시 병을 핑계하여 나
아가지 않았다. 한편, 장해는 성격이 도술을 좋아하여, 능히 5리나 되는 안
개를 만들 수가 있었다. 그때에 관서(關西) 사람인 배우(裴優)가 또한 능

---

30) 원헌: 공자의 제자.

히 3리의 안개를 일으킬 수가 있었는데, 그는 장해만 못하다고 여겨 장해의 밑에서 배우고자 했으나 장해는 모습을 숨겨서 보려고 하지 않았다.

• 심화이해

후한(後漢) 중기에 장해는 『춘추공양전(春秋公羊傳)』과 『고문상서(古文尙書)』에 통달하여 수많은 제자들이 몰려들었으나, 제자들이 몰려드는 것과 벼슬에 나가는 것을 싫어해 홍농(弘農)의 산중에 은둔하고 있었다. 그의 아버지 장패(張霸)도 기골이 장대하고 절개와 지조가 굳은 학자로서 어떤 권세에도 야합하지 않았었는데, 장해도 이를 이어받은 셈이다. 그러나 그를 따르는 사람들 때문에 공초시(公超市)라고 하는 시장이 생길 정도였다.

위의 인용문은 순제(順帝)가 장해의 뛰어난 학문과 지조를 격찬하며 등용하려 했을 때 병을 이유로 사양했음과, 많은 문하생들이 따르고자 하니 이를 싫어해 오리무(五里霧)를 일으켜 거절했음을 보여준다.

• 용 례

범인의 행방이 오리무중에 빠져, 그 사건은 해결하기가 어렵게 되었다.

五十步百步(오십보백보)

·五: 다섯 **오**   ·十: 열 **십**   ·步: 걸음 **보**   ·百: 일백 **백**

• **뜻풀이**

오십 보나 백 보나 마찬가지라는 뜻. 정도의 차이는 약간 있으나 본질적으로는 마찬가지임을 일컫는 말.

• **활용형**

五十步笑百步(오십보소백보.)

• **유사어**

大同小異(대동소이), 走逐一般(주축일반), 彼此一般(피차일반)

• **유 래**

梁惠王曰: "寡人之於國也, 盡心焉耳矣. 河內凶, 則移其民於河東, 移其粟於河內. 河東凶亦然. 察鄰國之政, 無如寡人之用心者. 鄰國之民不加少, 寡人之民不加多, 何也?" 孟子對曰: "王好戰, 請以戰喩. 塡然鼓之, 兵刃旣接, 棄甲曳兵而走. 或百步而後止, 或五十步而後止, 以五十步笑百步, 則何如?" 曰: "不可, 直不百步耳, 是亦走也." 曰: "王如知此, 則無望民之多於鄰國也."

[孟子, 梁惠王]

양혜왕이 맹자에게 물었다. "나는 나라를 다스리는데 온 마음을 다 쏟고 있습니다. 하내(河內)에 흉년이 들면 그 백성들을 하동(河東)으로 옮기고, 하동의 곡식을 하내로 옮깁니다. 하동에 흉년이 들어도 역시 같은 방법을 씁니다. 그런데 이웃 나라의 정치를 살펴보면 내가 마음을 쓰는 것처럼 하는 사람이 없습니다. 그런데도 이웃 나라의 백성이 점차로 줄어들지 않고, 우리 나라의 백성들이 점차로 늘어나지 않는 것은 무슨 까닭입니까?" 맹자가 대답했다. "왕께서 전쟁을 좋아하시니, 청컨대 전쟁에 비유하여 말씀드리겠습니다. 둥둥 북소리가 울리면서 백병전이 막 시작되면, 병사들은 갑옷을 내던지고 창칼을 질질 끌면서 달아나기 마련입니다. 그런데 어떤 병사가 백 보를 도망한 후에 멈추고, 어떤 병사는 오십 보를 도망한 후에 멈추었는데, 오십 보 달아난 사람이 백 보 도망간 사람을 비웃다면 어떠 하겠습니까?" 양혜왕이 말했다. "옳지 못한 말입니다. 다만 백 보를 도망가지 않았을 뿐이지 그것 역시 도망간 것입니다." 맹자가 말했다. "왕께서 이것을 아신다면 백성들이 이웃 나라보다 많아지기를 바라지 마십시오."

• 심화이해

전국시대 때, 맹자가 각 나라를 돌아다니며 백성을 위한 덕치(德治)를 해야 한다고 유세하다가 위(魏)나라의 도읍지 대량(大梁)31)에 가서 양혜왕을 만난 적이 있었다. 이때 제(齊)나라와의 싸움에서 몇 번 패한 양혜왕은 맹자에게 정치문제에 대해 가르침을 구했다. 이에 대한 문답이 위의 인용문이다. 맹자는 양혜왕에게 백성을 위한 정치를 행하지 않고 부국강병만을 꾀한 점에서는 이웃나라 왕과 다를 바 없다고 하면서 왕도정치론을 권유하고 있다.

• 속 담

강아지 똥은 똥이 아닌가.
검정개 돼지 흉본다.
누렁이나 검둥이나 그 놈이 그 놈이다.
도토리 키 재기.
똥 묻은 개가 겨 묻은 개 나무란다.
뒷간 기둥이 물방아 기둥을 더럽다 한다.
문틈으로 보나 문 열고 보나 보기는 매일반.

• 용 례

힙합과 랩의 차이는 오십보백보이다.

---

31) 대량: 중국 하남성(河南省)의 개봉(開封).

吳越同舟(오월동주)

· 吳: 오나라 오 · 越: 월나라 월 · 同: 함께 동 · 舟: 배 주

• 뜻풀이
원수지간인 오나라 사람과 월나라 사람이 같은 배를 탔다는 뜻. 원수나 사이가 좋지 않은 사람이라도 위험에 처하면 서로 돕게 된다는 말.

• 활용형
吳越之富(오월지부), 吳越之思(오월지사), 吳越之爭(오월지쟁)

• 유사어
同氣相求(동기상구), 同類相求(동류상구), 同病相憐(동병상련)
同聲相應(동성상응), 同惡相助(동악상조), 同憂相救(동우상구)
同舟相救(동주상구), 同舟濟江(동주제강), 兩寡分悲(양과분비)
類類相從(유유상종), 草綠同色(초록동색), 虎死兎泣(호사토읍)

• 유 래
故善用兵, 譬如率然. 率然者, 常山之蛇也. 擊其首則尾至, 擊其尾則首至, 擊其中則首尾俱至. 敢問: "兵可使如率然乎?" 曰: "可." 夫吳人與越人相惡也, 當其同舟而濟, 遇風, 其相救也, 如左右手.

[孫子兵法, 九地篇]

이런 경우 병사를 잘 부리기 위해서는, 비유컨대 솔연(率然) 같아야 한다. 솔연은 회계(會稽)의 상산(常山)에 사는 거대한 뱀이다. 그 머리를 치면 꼬리로 반격하고, 그 꼬리를 치면 머리로 덤벼들며, 몸 한가운데를 치면 머리와 꼬리가 함께 덮친다고 한다. 감히 묻겠습니다. "군사를 솔연과 같이 부려야 합니까?" 대답했다. "그렇다." 대저 오나라 사람과 월나라 사람은 서로 미워하지만 같은 배를 타고 가다가 거센 바람을 만나게 되면 서로 구원하는 것이 마치 왼손과 오른손이 서로 돕는 것처럼 한다.

• 심화이해
춘추시대의 대전략가였던 손무(孫武)가 지은 『손자병법(孫子兵法)』의 제

2편인 「구지(九地)」를 보면, 군사를 쓸 수 있는 아홉 가지 땅을 열거해 놓고 있는데 마지막 땅을 '사지(死地)'라고 하였다. 즉 죽기를 각오하고 싸워서 이기는 것만이 살 길인 그런 상황을 말하는 것이다. 이 경우에 있어서 병사들의 합치된 힘이 얼마나 중요한지를 역설하기 위해 손무가 비유를 들어 설명한 것이 바로 위의 인용문이다.

• 속 담
배를 같이 타고 물을 건너듯 하라.
원수도 한 배에 타면 서로 돕게 된다.

• 용 례
　정강정책이 다른 두 정당이 오월동주 격으로 각기 다른 목적에서 서로 손을 잡고 신당을 추진했다.

烏合之衆(오합지중)

·烏: 까마귀 오   ·合: 모을 합   ·之: 갈 지   ·衆: 무리 중

• 뜻풀이

까마귀 떼가 한 데 모인 것 같은 무리란 뜻. 아무런 규율도 통일도 없이 임시로 몰려 있는 무리를 일컫는 말.

• 활용형

烏集(오집), 烏合(오합), 烏合之卒(오합지졸)

• 유사어

無將之卒(무장지졸), 瓦合之卒(와합지졸)

• 유 래

及王莽敗, 更始立, 諸將略地者, 前後多擅威權, 輒改易守·令. 況白以莽之所置, 懷不自安. 時弇年二十一, 乃辭況奉奏詣更始, 因齎貢獻, 以求白固之宜. 及至宋子, 會王郎詐稱成帝子子輿, 起兵邯鄲. 弇從吏孫倉·衛包於道共謀曰:"劉子輿成帝正統, 捨此不歸, 遠行安之?" 弇按劍曰:"子輿弊賊, 卒爲降虜耳. 我至長安, 與國家陳漁陽·上谷兵馬之用, 還出太原·代郡, 反覆數十日, 歸發突騎以轔烏合之衆, 如摧枯折腐耳. 觀公等不識去就, 族滅不久也." 倉·包不從, 遂亡降王郎.

[後漢書, 耿弇篇]

왕망(王莽)이 패하고 갱시제(更始帝: 劉玄)가 후한의 제왕으로 등극하면서, 여러 군웅(群雄)들이 전후로 많이 제멋대로 위광과 권세를 부려 번번이 태수와 장관들을 바꾸곤 했다. 경엄(耿弇)의 아버지 경황(耿況)은 왕망을 죽이지 않고 그대로 두고 있는 것이 불안하다고 생각했다. 이때 경엄은 나이가 21세의 젊은 나이였음에도 부친을 떠나서 갱시제에게 주문(奏文)을 올리고 재물을 가져와 받침으로써 자신이 지켜야 할 마땅함을 구했다. 그가 송자(宋子)라는 땅에 이르자, 그때 왕랑(王郎)[32]이 성제(成帝)의

---

32) 왕랑: 적미(赤眉) 도당의 우두머리.

아들 유자여(劉子興)라고 사칭하며 한단(邯鄲)에서 군사를 일으켰다. 이 소식을 들은 경엄의 부하 손창(孫倉)과 위포(衛包)가 함께 공모하여 말했다. "유자여는 성제의 아들로 한나라의 혈통을 이은 분인데, 이 분을 두고 어디로 가시려 합니까?" 그러자 경엄은 화가 나서 칼을 뽑으며 말했다. "자여라고 사칭한 왕랑은 본시 도둑으로 끝내 항복할 포로일 뿐이다. 내가 장안(長安)으로 갔다가 어양(漁陽)과 상곡(上谷)의 군세를 몰아 태원(太原) 과 대군(代郡) 방면으로 돌아 진출하여 수십 일 동안 돌격 기병대로 왕랑 의 무리와 같은 오합지중을 반복해서 친다면, 왕랑을 격파하기는 썩은 고 목을 꺾는 것과 같다. 너희가 도리를 알지 못하고 왕랑에게 가서 한 패가 된다면, 너희 일족의 몰살은 그리 오래 가지 않으리라." 그러나 손창과 위 포는 이 말을 따르지 않고 끝내 왕랑의 진영으로 달아나 가담했다.

• 속 담
어중이 떠중이 다 모였다.
오사리 잡놈.

• 용 례
저런 오합지중과 같은 팀으로써 어찌 승리한단 말인가.
우리 군대는 이번에 급히 편성한 오합지중이 아닌가.

溫故知新(온고지신)

·溫: 익힐 온 ·故: 옛 고 ·知: 알 지 ·新: 새로울 신

- **뜻풀이**

  옛 것을 익히고 새 것을 안다는 뜻. 과거의 역사적 사실이나 학문 등을 먼저 충분히 익히고 나서 오늘의 새로운 사실을 습득해야 한다는 말.

- **유사어**

  博古知今(박고지금), 以故爲鑑(이고위감), 學于古訓(학우고훈)

- **참고어**

  記問之學(기문지학), 망본축말(忘本逐末)

- **유 래**

  子曰: "溫故而知新, 可以爲師矣."

  [論語, 爲政篇]

  공자가 말했다. "옛 것을 익혀 새로운 사실을 알면 가히 스승이 될 수 있다."

- **심화이해**

  공자가 말한 옛 것은 바로 주(周)나라 때의 문물 그 중에서도 예(禮)와 악(樂)을 말한다. 공자는 제후들이 패권을 다투는 어지러운 시대에 주나라의 문물제도를 되살리려고 노력했다. 이 때문에 유가 지식인은 과거의 역사적 지식을 축적하는 것을 무엇보다도 소중히 여겨, 과거의 문화를 정확하게 이해하고 수용하지 않고서는 미래의 발전을 꾀할 수 없는 것으로 보고 있다.

- **용 례**

  요즈음과 같이 변화가 빠른 시대일수록 더욱 기억되어야 할 말이 온고지신이다.
  온고지신하는 선각자는 드물고 배운 것만을 자랑으로 삼는다.

蝸角之爭(와각지쟁)

· 蝸: 달팽이 와　· 角: 뿔 각　· 之: 갈 지　· 爭: 다툴 쟁

● 뜻풀이

달팽이 뿔 위에서의 싸움이란 뜻. 아무런 이득이 없는 사소한 일이나 쓸데없는 일로 다투는 것을 비유한 말. 원래는 춘추전국시대 때 제후들의 패권 다툼을 대도(大道)의 입장에서 풍자한 말이다.

● 활용형

蝸角之勢(와각지세), 蝸角虛名(와각허명), 蝸牛角上之爭(와우각상지쟁)

● 유사어

角上兩蠻觸(각상양만촉), 蠻觸交爭(만촉교쟁), 蠻觸之爭(만촉지쟁)

● 유　래

惠子聞之而見戴晉人. 戴晉人曰: "有所謂蝸者, 君知之乎?" 曰: "然." "有國於蝸之左角者曰觸氏, 有國於蝸之右角者曰蠻氏, 時相與爭地而戰, 伏尸數萬, 逐北旬有五日而後反." 君曰: "噫! 其虛言與?" 曰: "臣請爲君實之. 君以意在四方上下有窮乎?" 君曰: "無窮." 曰: "知遊心於無窮, 而反在通達之國, 若存若亡乎?" 君曰: "然." 曰: "通達之中有魏, 於魏中有梁, 於梁中有王, 王與蠻氏有辯乎?" 君曰: "無辯." 客出而君惝然若有亡也.

〔莊子, 則陽篇〕

혜자(惠子)가 화자(華子)의 말을 듣고 임금에게 대진인(戴晉人)을 보게 했다. 이에 대진인이 임금에게 아뢰었다. "이른바 달팽이란 것이 있는데 임금께서는 아십니까?" 혜왕이 대답했다. "알고 있소." 대진인이 또 아뢰었다. "그 달팽이의 왼쪽 뿔 위에 나라가 있는데 촉씨(觸氏)라 하고, 그 달팽이의 오른쪽 뿔 위에도 나라가 있는데 만씨(蠻氏)라고 했습니다. 때때로 이 두 나라가 서로 영토를 뺏으려고 싸웠는데, 전사자가 수만 명이나 되었으며 패주하는 병사를 추적하여 15일이나 지난 후에야 돌아왔다고 합니

다." 혜왕이 말했다. "아, 그것은 터무니없는 거짓말이오." 또다시 대진인이 아뢰었다. "저는 임금을 위하여 현실적인 이야기로 말씀드리겠습니다. 임금께서 생각하시기에 이 우주의 사방과 상하에 끝이 있다고 여기십니까?" 혜왕이 대답했다. "끝이 없네." 대진인은 다시 물었다. "마음을 무궁한 우주 속에 노니는 사람에게는 오히려 사람이 왕래하는 나라란 것은 있는 것도 되고 없는 것도 되겠지요?" 혜왕은 대답했다. "그렇겠지." 이에 또 대진인은 아뢰었다. "사람이 왕래하는 나라 중에 위나라가 있고, 위나라 안에 양(梁)이라는 도읍이 있으며, 이 양이라는 도읍 안에 임금이 계시니, 임금과 저 만씨와 무슨 다름이 있겠습니까?" 혜왕이 말했다. "다름이 없겠네." 이윽고 대진인이 물러나자, 혜왕은 멍하니 정신이 나간 사람 같았다.

• **심화이해**

위(魏)나라 혜왕(惠王)은 제(齊)나라 위왕(威王)과 서로 침략하지 않기로 맹약을 맺었는데, 뒤에 위왕이 배반하자 자객을 보내 암살하려 했다. 이때 혜왕의 신하 공손연(公孫衍)은 암살보다는 당당히 군사를 일으켜 제나라를 공격해야 한다고 말한 반면, 또다른 신하 계자(季子)는 백성을 전란에 빠뜨리게 되면 잘못된 행동이라고 간했다. 두 신하의 얘기를 들은 화자(華子)가 제나라를 공격하라고 하는 자나 공격치 말라고 하는 자나, 또 이 두 부류를 나라를 어지럽히는 자라고 말하는 자도 모두 나라를 어지럽히는 자라고 말했다. 이에 양혜왕이 어쩌면 좋겠는가고 묻자, 화자는 시비의 분별을 떠난 대도(大道)의 입장에서 사물을 보아야 한다고 대답했다. 화자의 대답하는 말을 듣고 있던 혜자(惠子)가 대진인(戴眞人)이라는 도인을 왕에게 소개했는데, 혜왕과 대진인의 문답이 바로 인용문의 내용이다.

• **용 례**

경제난국을 푸는데 앞장서야 할 정치권은 당리당략에만 얽매여 와각지쟁만을 일삼고 있다.

臥薪嘗膽(와신상담)

· 臥: 누울 와   · 薪: 땔나무 신   · 嘗: 맛볼 상   · 膽: 쓸개 담

· **뜻풀이**

땔나무 위에서 잠을 자며 쓸개를 맛본다는 뜻. 원수를 갚기 위해 고난을 참고 견딤을 비유하는 말.

· **활용형**

嘗膽(상담), 臥薪(와신)

· **유사어**

眠薪(면신), 握火(악화), 越王嘗膽(월왕상담), 切齒扼腕(절치액완)
漆身呑炭(칠신탄탄), 抱冰(포빙), 會稽之恥(회계지치)

· **유 래**

夫差志復讐, 朝夕臥薪中, 出入使人呼曰: "夫差! 而忘越人之殺而父邪?"

[十八史略]

부차(夫差)는 아버지의 복수를 잊지 않기 위해 조석으로 땔나무 위에 누워 잠을 자며 출입구에 사람을 세워 놓고 이렇게 외치게 했다. "부차야, 너는 월(越)나라 사람이 너의 아버지를 죽인 사실을 잊었느냐?"

吳旣赦越, 越王句踐反國, 乃苦身焦思, 置膽於坐, 坐臥卽仰膽, 飮食亦嘗膽也. 曰: "女忘會稽之恥邪?"

[史記, 越王句踐世家]

오왕(吳王: 부차)이 월왕(越王: 구천)을 용서하여, 월왕 구천(句踐)은 고국으로 돌아오게 되었는데, 곧 자신의 몸과 마음을 괴롭혔다. (전에 부차가 땔나무에 누워 자며 망부의 유한을 되새기듯) 쓸개를 옆에 매달아 놓고 앉으나 누울 때나 우러러보고, 음식을 먹을 때도 쓸개를 맛보며 이렇게 말했다. "너는 회계(會稽)의 치욕을 잊었느냐?"

• 심화이해

이 고사성어는 춘추시대 오(吳)나라와 월(越)나라가 앙숙지간이었던 것에 비롯된 것이다. 오왕 합려(闔閭)는 월나라를 쳤으나 취리(檇李)[33]의 싸움에서 월나라 장군 영고부(靈姑浮)의 화살에 다친 손가락의 상처가 악화되는 바람에 끝내 죽고 말았는데, 임종 때에 태자 부차(夫差)에게 반드시 원수를 갚아 달라는 유언을 남겼다. 이 유언을 잊지 않기 위해 부차가 땔나무 위에 잠을 잔 것이 바로 앞 인용문의 와신(臥薪)이다.

한편, 월왕 구천(句踐)은 오나라 부차의 이와 같은 복수심을 알고 선수를 쳤으나 회계산(會稽山)에서 오나라 군사에게 대패하여 사로잡혔다. 결국 부차는 아버지 합려의 원수를 갚았다. 이에 구천은 부차의 신하가 되기를 자청하고는 뒷날을 도모하기 위해 쓸개를 매달아 놓고 우러러보기도 하고 맛보기도 한 것이 바로 뒷 인용문의 상담(嘗膽)이다. 이처럼 회계의 치욕을 잊지 않았던 구천은 이십여 년만에 다시 군사를 일으켜 오나라를 대패시키고 부차를 사로잡아 귀양을 보냈으나 부차가 깨끗이 자결함으로써 최후의 승자가 될 수 있었다.

• 속 담

송곳니 방석니 된다.

• 용 례

우리는 와신상담하여 설욕의 날만을 벼르고 있다.

---

33) 취리: 절강성(浙江省) 가흥(嘉興).

愚公移山(우공이산)

·愚: 어리석을 우   ·公: 귀인 공   ·移: 옮길 이   ·山: 뫼 산

• **뜻풀이**

  우공이 산을 옮긴다는 뜻. 어리석게 보일지라도 꾸준하게 끝까지 하면 도저히 불가능한 일이라도 할 수 있다는 것을 비유하는 말.

• **활용형**

  北山愚(북산우), 移山(이산)

• **유사어**

  磨斧作針(마부작침), 負鍤移山(부삽이산), 山溜穿石(산류천석)
  水滴穿石(수적천석), 積土成山(적토성산), 操蛇北叟(조사북수)

• **유래**

  太形·王屋二山, 方七百里, 高萬仞, 本在冀州之南, 河陽之北. 北山愚公者, 年且九十, 面山而居. 懲山北之塞, 出入之迂也. 聚室而謀曰: "吾與汝畢力平險, 指通豫南, 達於漢陰, 可乎?" 雜然相許. 其妻獻疑曰: "以君之力, 曾不能損魁父之丘, 如太形·王屋何? 且焉置土石?" 雜曰: "投諸渤海之尾, 隱土之北." 遂率子孫荷擔者三夫, 叩石墾壤, 箕畚運於渤海之尾. 鄰人京城氏之孀妻, 有遺男, 始齔, 跳往助之. 寒暑易節, 始一反焉. 河曲智叟笑而止之曰: "甚矣汝之不惠. 以殘年餘力, 曾不能毁山之一毛, 其如土石何?" 北山愚公長息曰: "汝心之固, 固不可徹, 曾不若孀妻弱子. 雖我之死, 有子存焉, 子又生孫, 孫又生子, 子又有子, 子又有孫, 子子孫孫, 無窮匱也, 而山不加增, 何苦而不平?" 河曲智叟亡以應. 操蛇之神聞之, 懼其不已也, 告之於帝. 帝感其誠, 命夸蛾氏二子負二山, 一厝朔東, 一厝雍南. 自此冀之南, 漢之陰, 無隴斷焉.

  [列子, 湯問篇]

  태형산(太形山)과 왕옥산(王屋山) 두 산은 둘레가 7백 리이고 높이가 일

만 길이나 되었는데, 원래는 기주(冀州)의 남쪽, 하양(河陽)의 북쪽에 있었다. 그런데 북산의 우공(愚公)이란 사람은 나이가 90세로 이 두 산을 마주 대하고 살았다. 그러나 산이 북쪽을 막고 있어서 어디를 출입하는 것이 불편했다. 그래서 어느날 온 가족들을 불러모아 놓고 이렇게 말했다. "나는 너희들과 함께 힘을 다하여 저 험한 산을 평평하게 갂아 예주(豫州)의 남쪽 길을 통하게 하고 한수(漢水)의 북쪽까지 갈 수 있도록 하고 싶은데 괜찮겠느냐?" 가족들은 모두 찬성했는데, 우공의 아내만이 반대를 하며 말했다. "당신의 힘으로는 작은 언덕인 괴부산(魁父山)도 없앨 수가 없는데, 태형산과 왕옥산 같은 큰 산을 어찌할 수 있겠습니까? 더구나 어디에다 그 산의 흙이나 돌을 버릴 것입니까?" 이에 가족들이 말했다. "그것은 발해(渤海)의 구석이나 은토(隱土)의 북쪽에다 갖다버리죠." 그리하여 우공은 그의 아들과 손자 등 짐을 질 수 있는 세 사람이 돌을 깨뜨리고 흙을 파서 키나 삼태기로 발해의 구석에다 갖다버렸다. 이웃집 경성씨(京城氏)의 과부에게 유복자가 있었는데, 그는 겨우 이를 갈 나이였는데도 달려가 이 일을 도왔다. 그들은 추위와 더위의 절기가 서로 바뀌어야 비로소 한 번 갔다 돌아오는 형편이었다. 그런데 하곡(河曲)의 지수(智叟)는 이것을 보고는 비웃고 말리며 이렇게 말했다. "당신의 어리석음은 너무나 심합니다. 늙은 나이에 그 연약한 힘으로는 산의 한 귀퉁이도 허물기 어렵거늘 그 큰 산의 돌과 흙을 어쩌겠다는 것입니까?" 이 말을 듣자 북산의 우공은 길게 한숨을 쉬면서 다음과 같이 대답했다. "당신같이 생각이 고루한 사람은 진실로 이해할 수 없을 것이고, 또 일개 과부나 어린애만도 못하구려. 설사 내가 도중에 죽더라도 내 아들이 있고 또 그 아들은 손자를 낳고, 다시 그 손자는 아들을 낳고, 그 아들은 아들이 있을 것이고 그 아들은 또 아들이 있을 것이니, 자자손손 끝없이 삼태기를 나른다면 산은 불어나지 않을 것인데 힘들다하더라도 어찌 평평해지지 않겠는가?" 이 말에 하곡의 지수는 응대할 말이 없었다. 이때 두 산의 수호신인 사신(蛇神)은 우공과 지수의 대화를 엿듣고서 산을 파 옮기는 것이 그치지 않을 것을 걱정하여 천제(天帝)에게 아뢰었다. 천제는 우공의 정성에 감동하여 과아씨(夸娥氏)의 두 아들에게 명하여 태형산과 왕옥산 두 산을 업어다 하나는 삭주 동쪽에, 또 하나는 옹주의 남쪽에 옮기도록 했다. 이로부터 기주의 남쪽과 한수의 북쪽에 걸쳐 있던 높은 산이 없어지게 되었다.

- 속 담

돌도 십 년을 보고 있으면 구멍이 뚫린다.
무쇠공이도 갈면 바늘 된다.
백 번 찍어 아니 넘어가는 나무 없다.
쉰 길 나무도 토막 내면 끝이 있다.
우물을 파도 한 우물을 파라.
지성(至誠)이면 감천(感天)이다.
천리 길도 한 걸음으로부터.
첫 숟가락에 배 부르랴.

- 용 례:

선생님은 제자들에게 꾸준히 학문에 정진할 것을 충고하며 우공이산의 고사를 예로 들었다.

月下氷人(월하빙인)

·月: 달 **월** ·下: 아래 **하** ·氷: 얼음 **빙** ·人: 사람 **인**

• 뜻풀이

월하노인과 빙상인이 합쳐진 것. 남녀의 혼인을 맺어주는 중매쟁이를 일컫는 말.

• 유사어

氷人(빙인), 氷上人(빙상인), 월노(月老), 月下老人(월하노인)

赤繩(적승), 赤繩系足(적승계족), 定昏店(정혼점), 紅絲(홍사)

• 유 래

狐策夢立氷上, 與氷下人語. 紞曰: "氷上爲陽, 氷下爲陰, 陰陽事也. 士如歸妻, 迨氷未泮, 婚姻事也. 君在氷上, 與氷下人語, 爲陽語陰媒介事也. 君當爲人作媒, 氷泮而婚成." 策曰: "老夫耄矣. 不爲媒也." 會太守田豹, 因策爲子求鄕人張公徵女, 仲春而成婚焉.

［晉書, 藝術傳］

어느날 호책(狐策)이란 사람은 자신이 얼음 위에 서 있으면서 얼음 밑에 있는 어떤 사람과 이야기를 나눈 꿈을 꾸었다. 이 꿈에 대해 진(晉)나라 때 용한 점쟁이인 색담(索紞)은 다음과 같이 해몽하였다. "얼음 위는 양(陽)이고, 얼음 아래는 음(陰)이니 음양에 관계된 일이다. 사내가 아내를 얻는 것과 같아서, 얼음이 채 다 녹기전에 이루어질 혼사에 관계된 일이다. 그대가 얼음 위에 있으면서 얼음 밑에 있는 사람과 이야기를 나눈 것은 양을 위해 음에게 말하는 중매에 관계될 일이다. 그러니 그대는 마땅히 남을 위해 중매하여 얼음이 풀릴 무렵에 혼인이 이루어 질 것이다." 호책이 말했다. "노인이시여! 중매할 일이 없습니다." 마침 태수 전표(田豹)가 자기 아들과 장씨의 딸을 혼인시키고 싶은데 호책에게 중매를 서달라고 부탁하니, 얼음이 녹고 시냇물이 흐르는 봄날에 혼인이 이루어졌다.

• 심화이해

월하빙인(月下氷人)은 월하노인(月下老人)과 빙상인(氷上人)이 합쳐진 말이다. '빙상인'에 대해서는 인용되어 있지만 '월하노인'에 대해서는 인용되어 있지 않다. 그래서 『속유괴록(續幽怪錄)』에 있는 월하노인에 관한 이야기를 간략히 소개한다.

　당나라 때 두릉(杜陵)에 살고 있던 위고(韋固)라는 사람이 여기저기 여행을 다니다가 송성(宋城)이란 곳을 지나게 되었다. 그런데 깊은 밤 달빛 아래 어떤 노인이 보따리에 몸을 기대고는 책장을 넘기며 무언가 찾고 있었다. 위고는 이상히 여겨 노인의 곁으로 다가가 무엇을 하고 있는지를 물었다. 그러자 노인은 세상사람들의 혼처에 관한 책을 보고 있는 중이라 하고, 또 보따리 속에 가득 든 붉은 끈은 그것으로 한번 묶어 두면 아무리 멀리 있어도 또 깊은 원수지간이라도 반드시 맺어진다고 대답했다. 이 말을 들은 위고는 자신도 총각인지라 자신의 배필이 어디에 있는지 궁금하여 물었다. 그랬더니 그 노인은 "지금 이 송성 북쪽 길가에서 야채를 팔고 있는 진(陳)이란 노파가 안고 있는 젖먹이다"라고 했다. 그로부터 14년 후 위고가 상주(相州)의 관리로 있던 중 그곳 자사(刺史) 왕태(王泰)의 딸과 혼인하게 되었다. 그런데 위고는 그녀가 바로 옛날의 그 노인이 말했던 채소 장수 노파가 안고 기르던 젖먹이였다는 사실을 알고는 깜짝 놀랐다는 이야기이다.

•용 례
옛날의 남녀들은 월하빙인의 중매를 통해 결혼했다.

韋編三絶(위편삼절)

· 韋: 가죽 위   · 編: 엮을 편   · 三: 석 삼   · 絶: 끊어질 절

· **뜻풀이**

가죽으로 된 책 끈이 세 번이나 끊어졌다는 뜻. 진지하고 세심하게 책에 담겨 있는 뜻을 이해하기 위해 독서에 열중하는 모습을 일컫는 말.

· **활용형**

三絶(삼절), 三絶韋編(삼절위편), 絶韋(절위),

· **유사어**

熟讀(숙독), 易韋三絶(역위삼절), 韋充讀易編(위충독역편), 精讀(정독)

· **유 래**

孔子晩而喜易, 序象・繫・象・説卦・文言. 讀易韋編三絶. 曰: "假我數年, 若是, 我於易則彬彬矣."

[史記, 孔子世家]

공자가 만년에 『역경(易經)』을 좋아하여, 단(象)・계(繫)・상(象)・설괘(説卦)・문언(文言)편을 정리하였다. 공자는 『역경』을 가죽으로 된 책 끈이 세 번이나 끊어질 만큼 되풀이하여 읽었다. 공자가 말했다. "나에게 몇 해를 더 주어 이와 같이 하면, 나는 『역경』에 대해서 그 문사(文辭)와 의리(義理)를 다 통달할 수 있을 것이다."

· **심화이해**

아주 읽기 힘든 『역경(易經)』을 공자는 만년이 되어서 오히려 재미있어 하면서 그 뜻을 완전히 터득할 때까지 꾸준히 읽어 『십익(十翼)』[34]까지 써냈다.

· **속 담**

글 속에도 글 있고, 말 속에도 말 있다.

· **용 례**

책을 정독하기 위해서는 적어도 위편삼절은 해야 한다.

---

34) 십익: 『역경』의 뜻을 설명한 10편의 글.

殷鑑不遠(은감불원)

· 殷: 은나라 은　· 鑑: 거울 감　· 不: 아니 불　· 遠: 멀 원

- **뜻풀이**

은나라의 거울은 먼 데 있지 않다는 뜻. 남의 실패를 자신의 경계로 삼으라
는 말.

- **활용형**

商鑑不遠(상감불원), 殷鑑(은감), 夏爲殷鑑(하위은감)

- **유사어**

覆車之戒(복거지계), 覆轍(복철), 他山之石(타산지석)

- **유　래**

文王曰咨	咨女殷商
人亦有言	顚沛之揭
枝葉未有害	本實先撥
殷鑒不遠	在夏后[35]之世

〔詩經, 大雅, 蕩之什, 蕩〕

문왕께서 말씀하시되,
아, 어지러운 은나라여!
세상에 널리 떠도는 말이 있거니,
큰 나무가 쓰러져 뿌리를 드러낼 적엔,
가지와 잎이야 아직 상하지 않았어도,
뿌리는 먼저 죽어 있다고.
은(殷)의 거울은 먼 데 있지 않고,
바로 하(夏)의 걸왕 시대에 있도다.

- **심화이해**

우(禹)가 세운 하(夏)나라는 걸왕(桀王)이 말희(妹姬)라는 여인에게 빠져
정사를 돌보지 않고 폭정과 향락을 일삼다가 탕왕(湯王)에 의해 멸망당했

---

35) 하후: 폭군이었던 걸왕(桀王)을 지칭함.

다. 탕왕이 세운 은(殷)나라도 28대 주왕(紂王) 때 주(周)나라 무왕(武王)에 의해 멸망당하고 말았다. 주왕(紂王)은 지혜와 용기를 가진 군주였지만, 달기(妲己)라는 미인에게 빠져 정사를 돌보지 않고 향락만을 일삼아, 주지육림(酒池肉林)과 포락지형(炮烙之刑)의 성구가 나올 정도였다.

이에 훗날 주문왕(周文王)이 된 서백(西伯) 창(昌)이 주왕의 학정을 탄식하며 간한 말이 바로 인용문이다. 곧 은나라 사람이 교훈으로 삼을 만한 선례는 먼 데 있지 않고 바로 전대(前代)인 하(夏)나라 걸왕(桀王)의 학정에 있다는 뜻이다.

• 속 담

복철(覆轍)을 밟지 말라.

• 용 례

우리가 본받을 만한 본보기는 은감불원처럼, 먼 데에 있지 않고 주위에 많이 있다.

泣斬馬謖(읍참마속)

·泣: 울 읍　·斬: 벨 참　·馬: 말 마　·謖: 일어날 속

• 뜻풀이

울면서 마속을 베었다는 뜻. 법의 공정함을 지키기 위해 사사로운 감정을 버린다는 말.

• 유사어

大義滅親(대의멸친), 先公後私(선공후사), 一罰百戒(일벌백계)

• 유 래

亮爲政無私, 馬謖素爲亮所知, 及敗軍流涕斬之, 而䘏其後. 李平·廖立, 皆爲亮所廢, 及聞亮之喪, 皆歎息流涕, 平至發病死.

[十八史略, 諸葛亮]

제갈량(諸葛亮)은 정치를 행함에 있어 조금도 사사로움이 없었다. 마속(馬謖)은 본디 제갈량에게 신임을 받은 인물이었지만, 그가 가정(街亭: 감숙성 중부) 싸움에서 패전을 했으니 제갈량은 그에게 패전의 책임을 묻지 않을 수 없어 눈물을 흘리면서 그의 목을 베었으나 그의 유족 뒤를 돌보아 주었다. 그리고 이평(李平)·요립(廖立) 두 사람은 다 제갈량에 의해 관직에서 파면된 사람들이었음에도 제갈량이 죽었다는 말을 듣고는 모두 탄식하면서 눈물을 흘렸고, 이평은 그로 말미암아 병까지 얻어 끝내 죽고 말았다.

• 심화이해

삼국시대 초엽, 제갈량은 위(魏)나라 군사를 크게 무찌르면서 북진하다가 조조(曹操)가 급파한 사마중달(司馬仲達)의 20만 군대와 기산(祁山)에서 대치하게 되었다. 제갈량은 사마중달이 구축한 진영을 격파할 계책이 있었지만, 이를 위해서는 군량 보급로의 요충지인 가정(街亭)을 수비해야만 했다. 이때 마량(馬良)의 동생 마속(馬謖)이 가정 싸움에서 패한다면 자신뿐만 아니라 가족 전부를 참형해도 좋다며 수비하겠다고 자원했다. 제갈

량도 마속이 어리기는 하지만 그의 재주와 능력을 잘 알고 있었기 때문에 가정의 '산기슭'을 지키도록 명했다. 그러나 마속은 제갈량의 명령을 어기고 자의적으로 '산꼭대기'에 진을 쳤다가 패하고 말았다. 이에 제갈량은 그가 군법을 어겼으므로 대의를 밝히기 위해 참형에 처할 것을 명했다. 그때 부하 장완(蔣琬)이 마속 같은 유능한 인재를 잃는 것은 나라의 손실이라며 만류했다. 그러나 제갈량은 끝내 이를 물리치고 마속을 베도록 했고, 형장으로 끌려가는 마속을 보고는 마루에 엎드려 울었다고 한다. 이와 같은 제갈량의 공명정대한 조처는 조그만 사심도 개입되지 않았음을 보여주는 것이 인용문이다.

• 속 담
겨울이 지나지 않고 봄이 올까.

• 용 례
그가 자신이 아끼는 부하를 경질한 것에는 읍참마속의 측면이 없지 않다.

倚門之望(의문지망)

· 倚: 기댈 의   · 門: 문 문   · 之: 갈 지   · 望: 바랄 망

• 뜻풀이

문에 기대어 기다린다는 뜻. 밖에 나간 자식들을 안타깝게 기다리는 어버이의 심정을 비유하는 말.

• 활용형

倚門(의문), 倚門而望(의문이망)

• 유사어

倚閭而望(의려이망), 倚閭之望(의려지망), 倚門倚閭(의문의려)

• 유 래

　王孫賈年十五, 事閔王. 王出走, 失王之處. 其母曰: "女朝出而晚來, 則吾倚門而望, 女暮出而不還, 則吾倚閭而望. 女今事王, 王出走, 女不知其處, 女尙何歸?"

[戰國策, 齊策]

　왕손고(王孫賈)는 나이 열다섯 살부터 민왕(閔王)을 섬겼다. 그런데 민왕이 도망쳐 왕의 거처를 알 수가 없었다. 그러자 왕손고의 어머니가 말했다. "평소 네가 아침 일찍 나갔다가 저녁 늦게 돌아오면 나는 대문에 기대어 바라보고, 네가 저녁에 나갔다가 돌아오지 않으면 나는 동구 밖에 나가서 바라보았다. 너는 지금 임금을 섬기는 자인데 임금이 도망쳐 돌아오지 않는데도 너는 임금의 처소를 알지 못하면서 어찌 돌아올 수 있단 말이냐?"

• 심화이해

　전국시대 때, 연(燕)나라와 진(秦)나라가 연합해서 제(齊)나라를 쳐들어오자 제민왕은 위나라로 도망쳤다. 이때 초나라는 대장 요치를 파견해 제나라를 구해주었지만, 끝내는 요치가 제민왕을 살해하고 연나라와 함께 제나라를 분할했다. 이런 상황에서 왕손고는 인용문과 같은 어머니의 말을 듣고 임금의 행방을 수소문한 결과, 요치에 의해 피살되었음을 알게 되었다.

• 용 례

　너의 떠나고자 하는 마음을 막지는 못하나 어찌 밤낮의 의문지망을 억제하겠는가.

以心傳心(이심전심)

·以: 써 이 ·心: 마음 심 ·傳: 전할 전

• 뜻풀이

마음에서 마음으로 전한다는 뜻. 말을 하지 않아도 서로 마음이 통하는 것을 일컫는 말.

• 유사어

拈華微笑(염화미소), 拈華示衆(염화시중), 不立文字(불립문자)
敎外別傳(교외별전), 心心相印(심심상인)

• 유 래

世尊在靈山會上, 拈華示衆, 是時衆皆寂然, 惟迦葉尊者破顔微笑. 世尊
云: "吾有正法眼藏, 涅槃妙心, 實相無相, 微妙法門, 不立文字, 敎外別
傳. 付囑摩訶迦葉36)."

[普濟, 五燈會元]

어느날 석가세존이 영산(靈山)의 모임에서 연꽃 한 송이를 들어올려 대
중들에게 보이자, 이때 대중들은 모두 그 뜻을 몰라 잠자코 있었으나 오
직 가섭존자(迦葉尊者)만이 그 뜻을 깨닫고 빙그레 미소지었다. 그러자 석
가세존이 가섭존자에게 말했다. "나에게는 본시 인간이 갖고 있는 마음의
올바른 덕인 정법안장(正法眼藏), 번뇌와 미망에서 벗어나 진리를 깨닫는
마음인 열반묘심(涅槃妙心), 생멸계를 떠난 불변의 진리인 실상무상(實相
無相), 언어나 경전에 의하지 않고 마음으로 전해지는 오묘한 진리인 불립
문자(不立文字)와 교외별전(敎外別傳) 등이 있다. 나는 이것들을 가섭존자
에게 부탁한다."

• 심화이해

이 성구는 인용문처럼 불교의 심오한 진리를 글이나 말을 통하지 않고
직접 마음을 통해 전한 데서 비롯된 것이다.

• 용 례

부부란 오래 살다 보면 이심전심 무언의 대화가 가능하다.

---

36) 마하가섭: 가섭존자.

一擧兩得(일거양득)

·一: 한 일 ·擧: 들 거 ·兩: 두 양 ·得: 얻을 득

•뜻풀이
하나를 들어 둘을 얻는다는 뜻. 한 가지 일로 두 가지 이득을 얻는 것을 일컫는 말.

•활용형
兩得(양득)

•유사어
一擧兩附(일거양부), 一擧兩全(일거양전), 一擧兩獲(일거양획)
一石二鳥(일석이조), 一箭雙鳥(일전쌍조)

•상대어
一擧兩失(일거양실)

•유 래
司馬錯曰: "不然, 臣聞之, '欲富國者, 務廣其地, 欲强兵者, 務富其民, 欲王者, 務博其德. 三資者備, 而王隨之矣.' 今王之地小民貧, 故臣願從事於易. 夫蜀, 西辟之國也, 而戎狄之長也, 而有桀·紂之亂, 以秦攻之, 譬如使豺狼逐羣羊也. 取其地, 足以廣國也, 得其財, 足以富民繕兵, 不傷衆而彼已服矣. 故拔一國而天下不以爲暴, 利盡西海, 諸侯不以爲貪. 是我一擧而名實兩附, 而又有禁暴正亂之名."

〔戰國策, 秦策〕

사마착(司馬錯)이 왕에게 아뢰었다. "그렇지 않습니다. 제가 듣건대, 모름지기 부국(富國)을 원한다면 국토를 넓히는데 힘써야 하고, 강병(强兵)을 원한다면 백성의 부(富)를 쌓는데 힘써야 하며, 패자(霸者)가 되기를 원한다면 군주의 덕을 넓히는데 힘써야 한다고 했으니, 이 세 가지만 갖춰지면 왕 노릇하는 것은 저절로 따르게 됩니다. 그런데 지금 우리 진(秦)나라는 국토도 협소하고 백성들도 빈곤합니다. 그래서 저는 쉬운 일부터 하기

를 원합니다. 저 촉(蜀)나라는 서쪽에 치우친 나라이지만 오랑캐(戎狄)의 수장(首長)이고, 걸왕(桀王)과 주왕(紂王)과 같은 어지러움이 있으니 우리 진(秦)나라가 이곳을 공격하면 비유컨대 시랑(豺狼)을 시켜 뭇 양(群羊)을 쫓는 것처럼 쉬운 일이라 하겠습니다. 그 땅을 얻으면 족히 나라를 넓힐 수 있고, 그 재물을 얻으면 족히 백성들을 부유하게 하고 무기를 보강할 수 있습니다. 백성들이 상하지 않게 하고도 촉나라는 이미 항복하고 맙니다. 그래서 한 나라를 뽑아내면 천하가 평화롭게 되고, 서해(西海)의 이로움을 취하면 제후들이 탐욕하지 않게 됩니다. 이는 우리가 한쪽을 들어올리면 명(名)과 실(實) 양쪽이 따라오는 것이니, 또 포학을 금지하고 어지러움을 바로잡는다는 명예를 얻게 되는 것입니다."

• **심화이해**

　진(秦)나라 혜문왕(惠文王) 때의 중신 사마착(司馬錯)이, 중원(中原)으로의 진출을 꾀해야 한다고 주장하는 재상 장의(張儀)와는 달리 왕에게 촉(蜀)나라를 쳐야 하는 이유를 설명한 것이 바로 인용문이다.

• **속　담**

　꿩 먹고 알 먹기.
　님도 보고 뽕도 딴다.
　도랑 치고 가재 잡는다.
　원님도 보고 환자(還子)도 탄다.

• **용　례**

　오이는 살도 빼고 피부도 좋아지는 일거양득의 식품이다.

一瀉千里(일사천리)

·一: 한 일   ·瀉: 쏟을 사   ·千: 일천 천   ·里: 마을 리

- **뜻풀이**

  한 번 쏟아진 물이 쏜살같이 천리를 흐른다는 뜻. 원래는 문장을 써나가는 필력이 굳센 것을 비유하는 말이었으나, 오늘날에는 어떤 일이 급속도로 진행되어 순식간에 이루어짐을 일컫는 말.

- **유 래**

  儼然峽裡上輕舟   片刻一瀉而千里

  〔福惠全書, 卷二十九〕

  아슬아슬한 계곡 사이 가벼운 배는,
  삽시간에 일사천리 내려만 간다.

  江盤峽束春湍豪   雷風戰鬪魚龍逃
  懸流轟轟射水府   一瀉百里翻雲濤
  漂船擺石萬瓦裂   咫尺性命輕鴻毛

  〔韓愈, 韓昌黎集 卷三, 貞女峽〕

  강 바위와 협곡에 묶여 봄날 여울은 거세고,
  우레와 바람이 싸우니 어룡도 놀라 숨는구나.
  뒤집힐 듯 쏟아지는 물결은 수궁을 쏘고,
  한번 흘러 백 리 길 구름에 닿는 파도로다.
  떠돌던 배는 바위에 밀려 산산이 부서지니,
  지척에 있는 목숨도 기러기 털인 듯 가볍구나.

- **용 례**

  그 회의는 일사천리로 진행되었다.

一以貫之(일이관지)

· 一: 한 일   · 以: 써 이   · 貫: 뚫을 관   · 之: 갈 지

• 뜻풀이

하나로 꿴다는 뜻. 한결같은 태도로 모든 일을 꿰뚫는다는 말.

• 활용형

一貫(일관)

• 유사어

始終一貫(시종일관), 初志不變(초지불변), 初志一貫(초지일관)

• 유 래

子曰: "參乎! 吾道一以貫之." 曾子曰: "唯." 子出, 門人問曰: "何謂
也?" 曾子曰: "夫子之道, 忠恕而已矣."

〔論語, 里仁篇〕

공자가 말했다. "삼(參)37)아! 나의 도는 하나로써 꿰었느니라." 그러자 증
자가 말했다. "네, 알고 있습니다." 공자가 나가자, 제자들이 증자에게 물
었다. "무엇을 말씀하신 것입니까?" 증자가 대답했다. "선생님의 도는 충
(忠)과 서(恕)일 뿐입니다."

• 심화이해

충(忠)은 자기의 마음속과 같이 성의를 다하는 것을 말하는데, 어떤 외부
의 유혹에도 흔들리지 않는 강인한 정신력을 의미한다. 서(恕)는 다른 사
람의 마음을 자기의 마음과 같이 생각한다는 뜻인데, 마음의 문을 열어
서로를 이해하면 화해와 조화를 이룰 수 있다는 것을 의미한다. 따라서
충서는 바로 유교의 본질인 인(仁)을 일컫는 것이라 할 수 있다.

• 용 례

한평생을 일이관지의 신념으로 산다는 것이 말처럼 쉬운 일인가.

---

37) 삼: 증자의 이름.

日就月將(일취월장)

·日: 날 일   ·就: 이룰 취   ·月: 달 월   ·將: 장차 장

· 뜻풀이

날이 가고 달이 갈수록 발전하거나 진보함을 일컫는 말.

· 유사어

日將月就(일장월취), 日進月步(일진월보)

· 유 래

敬之敬之	天維顯思
命不易哉	無曰高高在上
陟降厥士	日監在茲
維予小子	不聰敬之
日就月將	學有緝熙于光明
佛時仔肩	示我顯德行

[詩經, 周頌 閔予小子之什 敬之]

공경하고 공경할지어다.
천도(天道)가 심히 밝아서,
천명(天命)을 지키기 쉽지 않으니,
높고 높은 저기에 있다 마시오.
나의 하는 일에 오르내리며,
나날이 살펴보고 계시니이다.
나이와 덕 아울러 모자라는 나,
공경을 다하지 못하고 있으나,
나날이 이루고 다달이 나아가,
덕이 빛나도록 닦고 넓히며,
경들은 충성으로 나를 도와서
밝은 덕 어진 행실 보여주오.

· 용 례

오늘날의 정보화 수준은 비약적으로 일취월장하고 있다.

臨機應變(임기응변)

·臨: 임할 임 ·機: 틀 기 ·應: 응할 응 ·變: 변할 변

• 뜻풀이
   그때 그때의 형편에 따라 적당하게 처리 또는 대처함을 일컫는 말.

• 유사어
   姑息之計(고식지계), 凍足放尿(동족방뇨), 彌縫策(미봉책)
   上石下臺(상석하대), 隨機應變(수기응변), 隨時變通(수시변통)
   隨時順應(수시순응), 隨時應變(수시응변), 隨時處變(수시처변)
   臨機制變(임기제변), 臨時變通(임시변통), 下石上臺(하석상대)

• 유래
   明謀略不出號令, 莫行諸將每諮事. 輒怒曰: "吾自臨機制變, 勿多言."

〔南史, 列傳 四一, 梁宗室〕

   훌륭한 모략은 호령을 한다고 해서 나오는 것이 아니며, 여러 장군들이
   매사에 대해 문의하도록 하여서도 아니 된다. 문득 화를 내며 말했다. "내
   가 스스로 기미를 보고서 변화를 제어할 것이니 쓸데없이 말을 많이 하지
   말라."

   其用兵籌算, 料敵應變, 皆契事機.

〔唐書, 李勣傳〕

   그가 병사를 쓰고 일을 계획할 때는 적정을 살펴서 변화에 응하는데 모
   두 상황에 맞게 대처한 것이다.

• 속 담
   아랫돌 빼서 윗돌 괴고, 윗돌 빼서 아랫돌 괴기.
   언 발에 오줌누기.

• 용 례
   나는 상황을 보아 가면서 그때 그때 임기응변으로 대처할 생각이다.

自家撞着(자가당착)

·自: 스스로 자 ·家: 집 가 ·撞: 칠 당 ·着: 입을 착

• 뜻풀이

자기 스스로 한 말과 행동이 서로 맞지 않아 모순됨을 일컫는 말.

• 유사어

二律背反(이율배반), 自己矛盾(자기모순)

• 유 래

須彌山高不見嶺	大海水深不見底
簸土揚塵無處尋	回頭撞著自家底

[禪林類聚, 看經門, 南堂靜 詩]

수미산은 높디 높아 봉우리도 보이지 않고,
큰 바닷물은 깊고 깊어 바닥에 닿지도 않네.
흙을 뒤집고 먼지를 털어도 찾을 수 없으니,
머리 돌려 부딪치니 바로 자신이로구나.

• 심화이해

이 시는 그럴듯하게 이름을 붙여 진리를 찾는 것처럼 행동하지만 오히려 얻는 것이라고는 아무 것도 없음을 풍자한 시이다. 남에게 보이기 위한 현학적인 지식의 유희에 탐닉하여 함부로 사실을 왜곡하거나 그와 같은 행동을 합리화하는 어리석음을 읊은 것이다.

• 속 담

제 눈 제가 찌른다.
꼬부랑 자지 제 발에 오줌 눈다.

• 용 례

질서를 외치면서 폭력을 행사한 것은 일종의 자가당착이라 할 수 있다.

自暴自棄(자포자기)

· 自: 스스로 자   · 暴: 사나울 포   · 棄: 버릴 기

- **뜻풀이**

  자기 스스로에게 난폭하고 스스로를 버린다는 뜻. 좌절하거나 실의에 빠졌을
  때 아무런 기대도 걸지 않고 말이나 행동을 아무렇게 함을 일컫는 말.

- **활용형**

  自暴(자포), 自棄(자기), 포기(暴棄)

- **유래**

  孟子曰: "自暴者, 不可與有言也, 自棄者, 不可與有爲也. 言非禮義, 謂
  之自暴也, 吾身不能居仁由義, 謂之自棄也. 仁, 人之安宅也, 義, 人之安
  路也. 曠安宅而弗居, 舍正路而不由, 哀哉!"

  〔孟子, 離婁〕

  맹자가 말했다. "스스로를 해치는 사람과는 더불어 말할 것이 못되고, 스
  스로를 버리는 사람과도 더불어 같이 일을 할 것이 못된다. 입만 열면 예
  의를 비방하는 것을 일러 자포(自暴)라고 하며, 자기 자신은 도저히 인에
  머물거나 의에 따를 수 없다고 하는 것을 일러 자기(自棄)라고 한다. 인
  (仁)은 사람이 사는 편안한 집과 같은 것이며, 의(義)는 사람이 걸어야 할
  올바른 길인 것이다. 편안한 집을 비워두고 살지 않으며, 올바른 길을 버
  려두고 그 길을 가지 않으니, 참으로 안타까운 일이구나!"

- **용례**

  많은 지식인들이 독재권력 앞에 절망해서 자포자기에 빠지곤 했다.

戰戰兢兢(전전긍긍)

· 戰: 무서워 떨 전 · 兢: 조심할 긍

• 뜻풀이

벌벌 떨며 삼가고 조심한다는 뜻. 겁에 질려 어쩔 줄 모르는 모습을 일컫는 말.

• 활용형

兢兢(긍긍), 戰兢(전긍)

• 유사어

小心翼翼(소심익익), 戰戰恐恐(전전공공)

• 유 래

| 不敢暴虎 | 不敢馮河 | 人知其一 | 莫知其他 |
| 戰戰兢兢 | 如臨深淵 | 如履薄冰 | |

〔詩經, 小雅, 節南山之什, 小旻篇〕

감히 맨손으로는 호랑이를 잡지 못하고,
감히 걸어서는 황하도 건너지 못하네.
사람들은 그 중 하나는 알지만,
나머지 것들은 전혀 모른다네.
두려워 벌벌 떨며 삼가야 할지니,
마치 깊은 연못을 건너는 듯하고,
마치 엷은 얼음판 위를 걷는 듯해야 하네.

• 심화이해

이 인용된 시는 폭정을 개탄한 시이다. 맨손으로는 호랑이를 잡지 못하고 걸어서는 황하를 건너지 못한다는 것은 폭정에 대놓고 덤벼들지 못함을, 하나는 알고 나머지는 알지 못한다는 것은 눈앞의 이익에만 급급해 뒤따를 재앙을 알지 못함을, 폭정 하에서 두려움에 떨어야 하는 모습 등이 그려지고 있기 때문이다.

• 용 례

그는 비밀이 탄로날까 전전긍긍했다.

輾轉反側(전전반측)

·輾: 구를 전 ·轉: 구를 전 ·反: 돌이킬 반 ·側: 기울 측

• 뜻풀이

이리저리 뒤척이면서 돌아눕는다는 뜻. 온갖 생각과 번뇌로 밤새도록 잠을 이루지 못하고 뒤척이는 모습을 비유하는 말.

• 유사어

輾轉不寐(전전불매)

• 유 래

關關雎鳩	在河之洲	窈窕淑女	君子好逑
參差荇菜	左右流之	窈窕淑女	寤寐求之
求之不得	寤寐思服	悠哉悠哉	輾轉反側

〔詩經, 國風, 周南, 關雎篇〕

구욱구욱 물수리새가,
강가 모래밭에서 노는구나.
얌전하고 정숙한 아가씨는,
군자의 좋은 배필일세.

올망졸망 마른 풀이,
여기저기 흩어져 있네.
얌전하고 정숙한 그 아가씨를,
자나깨나 찾는다네.

아무리 찾아도 얻지 못하니,
자나깨나 그리워만 할 뿐.
사모의 정은 끝이 없어,
이리 뒤척 저리 뒤척.

　이 인용된 시는 주(周)나라 문왕(文王)이 아내 태사(太姒)를 그리워하면서 읊은 노래라고 하는 작품이다. 이처럼 전전반측은 원래 아름다운 여인을 사모하느라 잠을 이루지 못하는 데서 나온 말이다. 그러던 것이 온갖 근심이나 생각에 골몰하여 잠을 이루지 못하는 경우에도 두루 사용되고 있다.

• 용　례

　그는 무슨 걱정이 있는가 전전반측하더니 다시 일어나 옷을 입고 나갔다.

切磋琢磨(절차탁마)

· 切: 끊을 절 · 磋: 닦을 차 · 琢: 쪼을 탁 · 磨: 갈 마

● 뜻풀이

옥 따위를 끊고 닦고 쪼고 간다는 뜻. 학문을 갈고 닦아 수양을 쌓으라는 말.

● 활용형

如切如磋如琢如磨(여절여차여탁여마), 切磨(절마), 切磋(절차)

● 유 래

瞻彼淇奧	綠竹猗猗	有匪君子	如切如磋	如琢如磨
瑟兮僩兮	赫兮咺兮	有匪君子	終不可諼兮	

[詩經, 衛風, 淇奧]

저 기수(淇水) 물가를 보니,
푸른 대나무가 무성하구나.
빛나는 군자여,
마치 끊는 듯, 닦는 듯이 하고,
마치 쪼는 듯, 가는 듯이 하여,
묵직하며 위엄 있고,
훤하고 의젓하네.
빛나는 군자여,
끝내 잊을 수가 없어라.

子貢曰: "貧而無諂, 富而無驕, 何如?" 子曰: "可也, 未若貧而樂, 富而好禮者也." 子貢曰: "『詩』云, '如切如磋, 如琢如磨', 其斯之謂與?" 子曰: "賜也, 始可與言詩已矣, 告諸往而知來者."

[論語, 學而篇]

자공(子貢)이 공자에게 물었다. "가난하면서도 아첨하지 않고, 부유하면서도 교만하지 않다면 어떻습니까?" 공자가 대답했다. "훌륭하구나. 그러나 가난하면서도 도를 즐기고, 부유하면서도 예절을 좋아하는 사람만은 못하

구나." 자공이 다시 물었다. "『시경(詩經)』에 나와 있는 '끊는 듯이 하고 닦는 듯이 하고 쪼는 듯이 하고 가는 듯이 한다는 것'이 바로 그것을 말하는 것입니까?" 공자가 대답했다. "사(賜: 자공의 이름)야, 이제야 비로소 너와 더불어 시를 논할 수 있겠구나. 지난 것을 일러주었더니, 앞으로 올 것까지 아는구나."

如切如磋者, 道學也, 如琢如磨者, 自修也. 瑟兮僴兮者, 恂慄也, 赫兮喧兮者, 威儀也. 有斐君子, 終不可諠兮者, 道盛德至善, 民之不能忘也.

[大學, 朱熹章句]

'여절여차(如切如磋)'는 배움을 말하며, '여탁여마(如琢如磨)'는 스스로 수양하는 것이다. '슬혜간혜(瑟兮僴兮)'는 두려워하는 것이며, '혁혜훤혜(赫兮喧兮)'는 위의가 당당한 것이다. 따라서 '유비군자(有斐君子)'와 '종불가훤혜(終不可諠兮)'는 도가 풍성하고 덕이 지극한 것이니 사람들은 잊지 말아야 한다.

• **심화이해**

『시경(詩經)』에서 인용한 시는 위(衛)나라 무공(武公)의 덕을 찬양한 노래라고 한다. 이에서 보면, 절차탁마란 군자가 스스로를 수양하고 학문을 부지런히 닦기 위해 힘쓰는 모양을 비유한 말로, 원래는 옥이나 구슬을 다듬는 과정을 설명한 말이다. 이러한 뜻이 『논어(論語)』와 『대학(大學)』에서 보다 자세히 설명되고 있다. 그러나 오늘날 이 성구는 사람이 어느 분야에서나 성과를 거두기 위해 최선의 노력을 다하는 모습을 비유하는 데에 쓰이고 있다.

• **속 담**

구슬도 깎고 다듬어야 구슬 노릇을 한다.

• **용 례**

절차탁마란 노력으로 자신의 능력을 향상시키는 것이다.
하나의 목표를 향해 함께 절차탁마하는 우정만큼 아름다운 것은 없다.

井底之蛙(정저지와)

·井: 우물 정   ·底: 바닥 저   ·之: 갈 지   ·蝸: 개구리 와

● 뜻풀이
 우물 안 개구리라는 뜻. 식견이 좁아 전체적인 국면을 보지 못함을 비유하는 말.

● 활용형
 井蛙(정와), 井底蛙(정저와), 井中蛙(정중와), 井中之蛙(정중지와)

● 유사어
 埳井之蛙(감정지와), 遼東豕(요동시), 越犬吠雪(월견폐설)
 子誠齊人(자성제인), 坐井觀天(좌정관천), 井中觀天(정중관천)
 井中視星(정중시성), 井蛙之見(정와지견), 井庭蛙(정정와)
 尺澤之鯢(척택지예) 蜀犬吠日(촉견폐일)

● 유 래
  北海若曰: "井蛙不可以語於海者, 拘於虛也. 夏蟲不可以語於冰者, 篤
 於時也. 曲士不可以語於道者, 束於敎也. 今爾出於崖涘, 觀於大海. 乃
 知爾醜, 爾將可與語大理矣."

[莊子, 秋水篇]

 북해(北海)의 바다신인 약(若)이 황하(黃河)의 하신(河神)인 하백(河伯)에
 게 말했다. "우물 안 개구리가 바다에 대해 말할 수 없는 것은 자기가 살
 고 있는 좁은 장소에 구애받기 때문이다. 여름 벌레가 얼음에 대해 말할
 수 없는 것은 여름 한 철밖에 알지 못하기 때문이다. 한 가지 일밖에 모
 르는 사람이 도(道)에 대해 말할 수 없는 것은 자기의 배운 지식에만 구
 속되어 있기 때문이다. 이제 그대는 좁은 지역에서 나와 큰 바다를 보고
 비로소 그대의 협소함을 알았을 것이니, 그대와 더불어 큰 진리를 함께
 말할 수 있을 것이오."

老子之小仁義, 非毁之也, 其見者, 小也. 坐井而觀天曰天小者, 非天小也. 彼以煦煦爲仁, 孑孑爲義, 其小之也, 則義.

〔韓愈, 原道〕

　노자(老子)가 인의를 하찮게 여긴 것은 그것을 헐뜯을 만해서가 아니라 그의 견식이 하찮았던 까닭이다. 우물 안에 앉아서 하늘을 보고 하늘이 작다고 말하는 것은 하늘이 작아서가 아니다. 그는 자그마한 은혜를 인이라 여기고 자그마한 선행을 의라 여겼으니 그가 하찮게 본 것은 마땅하다.

• 속 담
　굴 속에서 하늘 보기.
　대(竹) 구멍으로 하늘을 본다.
　바늘 구멍으로 하늘 보기.
　우물 안의 개구리.

• 용 례
　세상 물정을 잘 모르는 정저지와가 되어서는 곤란하다.

糟糠之妻(조강지처)

·糟: 지게미 조   ·糠: 쌀겨 강   ·之: 갈 지   ·妻: 아내 처

● 뜻풀이

지게미와 쌀겨를 먹으며 고생을 함께 나눈 아내란 뜻. 가난할 때 고생을 함께 하며 살아온 본처를 일컫는 말.

● 활용형

髮妻(발처), 糟糠(조강),

● 유 래

時帝姊湖陽公主新寡, 帝與共論朝臣, 微觀其意. 主曰: "宋公威容德器, 羣臣莫及." 帝曰: "方且圖之." 後弘被引見, 帝令主坐屛風後, 因謂弘曰: "諺言貴易交, 富易妻, 人情乎?" 弘曰: "臣聞貧賤之交不可忘, 糟糠之妻不下堂." 帝顧謂主曰: "事不諧矣."

[後漢書, 宋弘傳]

후한(後漢) 때 광무제(光武帝)의 누나인 호양공주(湖陽公主)는 남편과 사별한 과부였는데, 광무제는 조정의 신하들과 의논하여 시집을 보내려고 호양공주의 의향을 슬쩍 떠보았다. 공주가 말했다. "송홍(宋弘)과 같은 인품이나 기량은 다른 신하들이 미칠 바가 못됩니다." 이에 광무제가 호양공주에게 말했다. "알겠습니다. 생각해 보겠습니다." 그 뒤 광무제는 호양공주를 병풍 뒤에 미리 앉혀 놓고 나서 송홍을 불러들여 그의 의중을 떠보았다. "속담에 말하기를, 사람이 지위가 높아지면 옛 친구를 바꾸고 사람이 부유해지면 아내를 바꾼다고 한다는데, 사람이라면 다 그런 것 아니겠소?" 그러자 송홍이 대답했다. "제가 듣기로는 가난하고 천할 때의 친구는 결코 잊지 않아야 하고, 지게미와 쌀겨로 끼니를 이으며 함께 고생한 아내는 안방에서 내쳐서는 아니 된다고 하였습니다." 이 말을 들은 광무제는 호양공주에게 말했다. "일이 잘 되지 않는 것 같습니다."

● 속 담

가빈(家貧)에 사양처(思良妻)라.

● 용 례

조강지처는 버릴 수 없다 했으니, 나는 그녀와 헤어질 수가 없습니다.

朝令暮改(조령모개)

· 朝: 아침 조   · 令: 명령할 령   · 暮: 저녁 모   · 改: 고칠 개

• 뜻풀이

아침에 내린 법령을 저녁에 고친다는 뜻. 한 번 정한 법률이나 규칙은 지속적으로 지켜져야 하는데 일관성이 없이 고치는 한심한 작태를 비유하는 말.

• 유사어

高麗公事三日(고려공사삼일), 時刻待變(시각대변), 朝令暮得(조령모득)
朝令夕改(조령석개), 朝變夕改(조변석개), 朝夕變改(조석변개)

• 유래

又私自送往迎來, 弔死問疾, 養孤長幼, 在其中, 勤苦如此. 尙復被水旱之災, 急政暴賦, 賦斂不時, 朝令而暮改. 當具有者半賈而賣, 亡者取倍稱之息. 於是, 有賣田宅鬻子孫, 以償責者矣.

[鼂錯, 論貴粟疏]

또 개인적으로 사람을 보내고 맞이하며, 죽은 이를 조문하고 병든 자를 문상하며, 고아를 돌보는 것도 일들이 태산같이 힘들고 괴롭기가 이와 같습니다. 게다가 홍수나 가뭄의 재해를 연이어 겪게 되면 갑자기 조세와 부역을 강요당하니, 세금과 부역은 시기를 정하지 않고 변하여 마치 아침에 내린 명령이 저녁이면 고쳐지는 현실입니다. 그래서 품질이 좋은 논밭과 집이 있는 사람은 반값에 내다 팔고, 없는 사람은 이자가 배가 되는 빚을 내게 됩니다. 이리하여 결국 빚에 찌들린 백성들은 전답과 집을 내다 팔고, 제 자식이나 손자까지 팔아 부채를 갚는 사람이 나오게 됩니다.

• 심화이해

전한(前漢)의 문제(文帝) 때 조착(鼂錯)이 농가에서 과중한 노역과 세금으로 허덕이고 있는 실정을 논한 상소문의 일부가 인용문이다.

• 속 담

뒷간에 갈 적 마음 다르고, 올 적 마음 다르다.

• 용 례

우리 나라의 교육정책은 조령모개의 시행착오가 심하다.

朝三暮四(조삼모사)

·朝: 아침 조   ·三: 석 삼   ·暮: 저녁 모   ·四: 넉 사

• 뜻풀이

아침에 세 개 저녁에 네 개라는 뜻. 간사한 꾀로 남을 속이고 농락하거나, 당장 눈앞의 이익만을 알고 그 결과가 같음을 모르는 경우나, 이랬다 저랬다 자주 변덕이 심한 경우를 빗대는 말.

• 활용형

朝三(조삼)

• 유사어

朝四暮三(조사모삼)

• 유 래

宋有狙公者, 愛狙養之成群, 能解狙之意, 狙亦得公之心. 損其家口, 充狙之欲. 俄而匱焉, 將限其食, 恐衆狙之不馴於己也, 先誑之曰: "與若茅, 朝三而暮四, 足乎?" 衆狙皆起而怒. 俄而曰: "與若茅, 朝四而暮三, 足乎?" 衆狙皆伏而喜. 物之以能鄙相籠, 皆猶此也. 聖人以智, 籠群愚, 亦猶狙公之以智籠衆狙也. 名實不虧, 使其喜怒哉!

〔列子, 黃帝篇〕

송(宋)나라에 저공(狙公)이란 사람이 있었는데, 그는 원숭이를 좋아하여 무리를 이룰 만큼 원숭이들을 기르고 있었고, 또 능히 원숭이들의 생각을 이해할 수 있었으며, 원숭이도 저공의 마음을 알았다. 저공은 집안 식구들의 배를 주려가면서까지 원숭이들의 배를 채워 주었다. 그런데 갑자기 저공은 가난하게 되어 장차 원숭이들의 양식을 줄이려 했지만, 원숭이들이 자기를 따르지 않을까 걱정한 끝에, 우선 거짓말로 말했다. "너희들에게 주는 도토리를 아침에는 세 개씩 저녁에는 네 개씩이면 만족하겠니?" 원숭이들은 모두 일어나서 화를 내었다. 그래서 그는 다시 이렇게 말했다. "너희들에게 주는 도토리를 아침에는 네 개씩 저녁에는 세 개씩이면 만족

하겠니?" 그러자 원숭이들은 모두 엎드려서 기뻐하였다. 사물의 능히 비루한 것을 쌀 수 있는 것이 모두 이와 같은 것이다. 성인이 밝은 지혜로 여러 어리석은 사람들을 교묘하게 설복하는 것도, 저공이 간사한 지혜로 원숭이들을 교묘하게 속이는 것과 같다. 이름과 실상이 어긋나지 않으면서도 원숭이들로 하여금 화나게 하기도 하고 기쁘게 하기도 하는 것이다.

• 심화이해

뛰어난 지혜를 갖춘 성인이 인간을 비롯한 만물을 힘들이지 않고 다스릴 수 있는 것이 마치 저공이 어리석은 원숭이를 다루듯이 교묘히 할 수 있는 것임을 실례로 든 것이 바로 인용문이다. 그러나 오늘날에는 이 성구가 변덕스럽게 마음이 자주 바뀌는 것을 비유하는 말로 쓰이기도 한다.

• 속 담

봉이 김선달 대동강물 팔아먹듯 한다.

어린 중 젓국 먹이듯.

• 용 례

그와 같은 정책이 조삼모사로 우리를 속여서는 안 된다.

酒池肉林(주지육림)

· 酒: 술 주 · 池: 못 지 · 肉: 고기 육 · 林: 수풀 림

• 뜻풀이

술로 이루어진 못과 고기로 이루어진 숲이란 뜻. 호사하고 방탕한 주연이나 그 생활을 일컫는 말.

• 유사어

肉山酒池(육산주지), 肉山脯林(육산포림), 장야지음(長夜之飮)

• 유 래

紂好酒淫樂, 嬖於婦人. 愛妲己, 妲己之言是從. 於是使師涓作新淫聲, 北里之舞, 靡靡之樂. 厚賦稅, 以實鹿臺之錢, 而盈鉅橋之粟, 益收狗馬奇物, 充仞宮室, 益廣沙丘苑臺, 多取野獸蜚鳥置其中. 慢於鬼神, 大冣樂戲於沙丘, 以酒爲池, 縣肉爲林, 使男女倮相逐其閒, 爲長夜之飮. 百姓怨望而諸侯有畔者, 於是紂乃重刑辟, 有炮格之法.

〔史記, 殷本紀, 紂〕

은(殷)나라 말기 주왕(紂王)은 술과 음탕한 음악을 좋아하고, 또 여자를 좋아했다. 달기(妲己)를 사랑하여, 달기가 하는 말이면 무엇이나 들어주었다. 그리하여 사연(師涓)이라는 악사에게 명하여 새로운 음탕한 음곡인 북리(北里)의 춤과 미미(靡靡)의 음악을 만들게 했다. 또 엄청난 세금을 거두어서 녹대(鹿臺)에 돈을 쳐 넣고, 다시 거교(鉅橋)에는 곡식을 채우고, 개나 말이나 진기한 물건을 모아 궁궐에 가득 채우고, 더구나 모래언덕의 동산이나 이궁(離宮)을 더욱 넓혀, 많은 야수나 새를 잡아 그곳에 길렀다. 신과 조상의 혼령을 경시하고 사구(沙丘)에서 즐기는데, 술로 연못을 만들고 고기를 늘어뜨려 숲을 만들고, 남녀들을 발가벗겨 그 사이에서 서로 쫓고 쫓기는 경주를 시키며, 밤낮으로 잔치를 베풀었다. 백성들은 원망하고 제후들 중 반란을 일으키는 사람도 나와서, 주왕은 형벌을 혹독하게

하여 포락(炮烙)의 형벌38)을 만들었다.

• 용 례

그런 주지육림 속에 무슨 참다운 축하를 하겠는가.
술자리는 주지육림 그 자체였다.

---

38) 포락지법: 기름 바른 구리 기둥을 벌겋게 달구어 사람을 건너게 하는 등 몹시 괴롭힌
끝에 불태워 죽이는 형벌. 이 형벌은 애첩 달기를 웃게 하려고 만들었다고 한다.

竹馬故友(죽마고우)

· 竹: 대나무 죽 · 馬: 말 마 · 故: 옛 고 · 友: 벗 우

• 뜻풀이

대나무로 만든 말을 타고 놀던 친구란 뜻. 어렸을 때부터 사귀어 온 오랜 친구를 일컫는 말.

• 유사어

騎竹之交(기죽지교), 十年知己(십년지기), 莫逆之友(막역지우)
竹馬交友(죽마교우), 竹馬舊友(죽마구우), 竹馬之友(죽마지우)
竹馬之好(죽마지호),

• 유 래

諸葛靚後入晉, 除大司馬召不起, 以與晉室有讐, 常背洛水而坐. 與武帝有舊, 帝欲見之而無由, 乃請諸葛妃呼靚. 旣來, 帝就太妃閒相見, 禮畢, 酒酣, 帝曰:"卿故復憶竹馬之好不?"靚曰:"臣不能吞炭漆身, 今日復覩聖顔!"因涕泗百行. 帝於是慙悔而出.

[世說新語, 方正篇]

제갈정은 오(吳)나라가 망하자 진(晉)나라로 돌아왔는데, 진 무제가 그를 대사마로 제수하여 불렀지만 끝내 나가지 않았다. 일찍이 진나라와는 원수 사이였으므로 늘 낙수(洛水)를 뒤로하여 앉았다. 그러나 무제와는 어린 시절 친구였으므로, 무제는 어찌해서든 보고 싶었지만 기회가 없었다. 이에 무제의 숙모인 제갈비(諸葛妃: 琅邪王妃)39)를 시켜 제갈정을 부르게 하였다. 제갈정이 들어오자 무제는 태비를 사이에 두고 서로 만났다. 예를 다하고 술자리를 마련하여 취기가 돌자 무제가 물었다. "그대는 예전에 죽마를 타고 돌아다니던 좋은 시절이 생각나지 않는가?" 제갈정이 대답했다. "저는 옛날 예양(豫讓)처럼 숯을 삼키지도 못하고 몸에 옻칠도 하지 못했

---

39) 제갈비: 제갈정의 누이이자 무제의 숙모였음.

는데[40], 오늘 다시 임금을 만나게 되었습니다." 인하여 눈물을 줄줄 흘렸다. 무제는 제갈정의 마음을 모르고 억지로 만나고자 한 것이 부끄러워 밖으로 나갔다.

• 심화이해

제갈정(諸葛靚)은 그의 아버지 제갈탄(諸葛誕)이 당시 조정에서 전횡을 일삼던 무제(武帝)의 아버지 사마소(司馬昭)에게 반기를 들다가 살해당한 사실이 있었다. 그리하여 제갈정은 오(吳)나라에 인질로 가 있다가 오나라가 멸망하자 진나라로 돌아왔다. 이에 진무제(晉武帝) 사마염(司馬炎)은 제갈정이 죽마고우였으므로 그를 대사마로 제수하기도 하고 또 만나고자 하였으나, 제갈정은 진나라 왕실을 원수로 생각하여 반감을 나타내고 있던 상황이 바로 인용문이다.

• 용 례

나는 여행하는 중에 우연히 죽마고우를 만났다.

---

40) 탄탄칠신: 예양이 자기의 은인인 지백(智伯)의 원수를 갚기 위해 조양자(趙陽子)를 죽이려고 숯을 삼켜 벙어리가 되고, 몸에 옻칠을 하여 병자처럼 꾸며 원수를 갚은 변장술.

衆寡不敵(중과부적)

· 衆: 무리 중 · 寡: 적을 과 · 不: 아니 불 · 敵: 적수 적

• 뜻풀이
적은 숫자로는 많은 숫자를 대적할 수 없다는 뜻. 처음부터 역량의 차이가 커서 싸움의 상대가 못된다는 말.

• 유사어
寡不敵衆(과부적중)

• 유 래
日: "鄒人與楚人戰, 則王以爲孰勝?" 日: "楚人勝." 日: "然則小固不可以敵大, 寡固不可以敵衆, 弱固不可以敵强. 海內之地方千里者九, 齊集有其一. 以一服八, 何以異於鄒敵楚哉? 蓋亦反其本矣."

〔孟子, 梁惠王 上〕

맹자가 말했다. "약소국인 추(鄒)나라가 강국인 초(楚)나라와 싸운다면, 왕께서는 어느 쪽이 이기겠습니까?" 제선왕(齊宣王)이 대답했다. "그야 초나라가 이기겠지요." 맹자가 다시 말했다. "그렇다면 작은 나라는 본디 큰 나라를 대적할 수 없는 것이고, 적은 병력은 본디 많은 병사를 대적할 수 없는 것이며, 약한 나라는 본디 강한 나라를 대적할 수 없는 것입니다. 지금 천하 안에는 사방 천리가 되는 대국이 아홉 있는데, 제(齊)나라는 온 영토를 모두 합쳐야 그 하나에 불과합니다. 그러니 한 나라가 대등한 여덟 나라를 굴복시킨다는 것이 어찌 저 약소국인 추나라가 강국인 초나라를 대적하는 것과 다름이 있겠습니까? 그리하여 왕께서는 그 근본으로 돌아가서야 합니다."

• 심화이해
전국시대 때 여러 나라를 순회하며 자신의 왕도론(王道論)을 역설하던 맹자가 제나라에 들러 선왕(宣王)을 만나 서로 주고받은 내용이 바로 인용문이다.

• 용 례
경찰관들은 엄청난 수의 군중들을 감당하기에 중과부적이었다.

指鹿爲馬(지록위마)

·指: 가리킬 지   ·鹿: 사름 록   ·爲: 할 위   ·馬: 말 마

• 뜻풀이

사슴을 가리켜 말이라고 한다는 뜻. 윗사람을 농락하여 아래에서 권세를 마음
대로 휘두르거나, 남에게 잘못을 뒤집어 씌워 함정에 빠뜨리는 것을 일컫는 말.

• 활용형

鹿馬(녹마), 指綠(지록), 指馬(지마)

• 유사어

苑鹿化馬(원록화마), 指鹿做馬(지록주마), 秦庭指鹿(진정지록)

• 유 래

　趙高欲爲亂, 恐群臣不聽, 乃先設驗, 持鹿獻於二世, 曰: "馬也." 二世
笑曰: "丞相誤邪? 謂鹿爲馬." 問左右, 左右或默, 或言馬以阿順趙高. 或
言鹿者, 高因陰中諸言鹿者以法. 後群臣皆畏高.

〔史記, 秦始皇本紀〕

　조고(趙高)는 모반을 일으킬 생각을 했지만 조정의 신하들이 자기의 말
을 듣지 않을까 염려하여 먼저 꾀를 써서 시험해 보았다. 그래서 조고는
이세(二世)인 호해(胡亥)에게 사슴을 바치면서 말했다. "말입니다." 이세가
웃으면서 말했다. "승상은 잘못 말한 것 아니오? 어째서 사슴을 가리켜 말
이라고 하는 것이오." 이렇게 말하면서 이세는 좌우의 신하들에게 물었으
나 어떤 신하는 잠자코 있었고, 어떤 신하는 말이라고 하면서 조고에게
아첨을 했다. 그러나 사슴이라고 직언하는 신하도 있었는데, 조고는 이들
을 기억해 두었다가 은밀히 무고한 죄를 씌워 제거했다. 그 뒤부터 신하
들은 모두 조고를 두려워하게 되었다.

• 심화이해

　진시황(秦始皇)은 죽음을 앞두고 변방을 지키고 있는 세자 부소(扶蘇)를
궁궐로 불러들여 왕위를 물려주려고 했다. 그러던 중 진시황이 병사하자

환관 조고(趙高)는 조정의 대권을 찬탈하기 위해 진시황의 죽음을 비밀에 부치고, 승상 이사(李斯)를 협박하여 자기 일에 가담케 하고는 도읍 함양으로 돌아왔다. 그리고 가짜로 진시황의 조서를 꾸며 세자인 부소를 자결하게 한 뒤, 백성들에게 진시황의 죽음을 알리고 또 나이 어린 둘째 아들 호해(胡亥)를 황제 자리에 오르게 했다. 이에 조고는 승상이 되어 조정의 실권을 장악하다가 황제의 자리마저 오르려는 야심을 품게 되어 자기의 반대 세력을 제거하고자 계책을 부리고 있는 것이 바로 인용문의 내용이다. 조고는 나중에 호해마저 죽이고 부소의 아들 자영(子嬰)을 황제로 등극케 했으나 그에 의해 주살당하고 말았다.

•용 례

그가 윗사람을 농락하여 권세를 마음대로 하는 것이 저 조고의 지록위마와 같았다.

天高馬肥(천고마비)

·天: 하늘 천   ·高: 높을 고   ·馬: 말 마   ·肥: 살찔 비

• 뜻풀이

하늘은 높고 말은 살찐다는 뜻. 가을을 일컫는 말.

• 유사어

天高氣淸(천고기청), 秋高馬肥(추고마비), 秋高塞馬肥(추고새마비)

• 유 래

雲淨妖星落	秋高塞馬肥
據鞍雄劍動	搖筆羽書飛

〔唐詩選, 杜審言, 贈蘇味道〕

구름은 여리고 요사한 별은 흩날리는데,
가을 하늘 드높고 새마는 살찌도다.
말안장에 올라앉아 웅검을 휘두르며,
붓을 휘둘러 승전보를 전해다오.

• 심화이해

북방의 광활한 초원에서 방목과 수렵의 생활을 하는 흉노족은 초원이 얼어붙는 긴 겨울을 지내야 할 식량이 필요했기 때문에 자주 중국 변방을 노략질했다. 그래서 흉노와 인접한 북방 변경의 중국인들은 하늘이 높아지고 말이 살찌는 가을을 두려워했다고 한다. 이런 상황은 두보(杜甫)의 조부인 두심언(杜審言)이 흉노의 침략을 막기 위해 북방으로 가는 친구 소미도(蘇味道)에게 보낸 오언율시인 인용문에 잘 나타나 있다. 이렇게 볼 때, '천고마비'라는 말의 원래 의미는 쾌청한 가을날 살찐 말을 타고 쳐들어오는 흉노족을 가리키는 용어였다. 그러나 오늘날에는 가을의 아름다운 하늘과 신선한 날씨를 뜻하는 말로 사용되고 있다.

• 용 례

천고마비는 등화가친과 함께 가을을 일컫는 대표적인 말이다.

千慮一得(천려일득)

·千: 일천 **천** ·慮: 생각 **려** ·一: 한 **일** ·得: 얻을 **득**

• 뜻풀이

아무리 우둔한 사람이라도 많이 생각하면 반드시 하나쯤은 좋은 생각을 해낼 수 있음을 일컫는 겸손의 말.

• 유사어

愚見(우견), 愚者一得(우자일득), 一得之愚(일득지우)

• 상대어

智者一失(지자일실), 千慮一失(천려일실)

• 유 래

　廣武君曰:"臣聞智者千慮, 必有一失, 愚者千慮, 必有一得. 故曰: '狂夫 之言, 聖人擇焉.' 顧恐臣計未必足用, 願效愚忠."

[史記, 淮陰侯列傳]

　광무군(廣武君)이 말했다. "제가 듣자 하니, 지혜로운 사람이라도 천 가지 생각 중에 반드시 하나는 실수가 있을 것이고, 어리석은 사람이라도 천 가지 생각 중에 반드시 하나는 괜찮은 것이 있다고 했습니다. 그러므로 말하기를, '미친 사람의 말도 성인이 택한다'고 했습니다. 생각컨대, 저의 꾀가 반드시 쓸 수 있는 것은 못되지만, 다만 어리석은 사람의 충언으로 하는 말이니 참고해 주기 바랍니다."

• 심화이해

　회음후(淮陰侯) 한신(韓信)이 조(趙)나라를 쳐서 조왕의 참모 광무군(廣武君) 이좌거(李左車)를 사로잡았다. 연나라와 제나라를 계속 공격하려던 한신은 생포한 이좌거를 스승으로 깍듯이 받들면서 자문을 구했을 때, 이좌거가 답한 말이 바로 인용문이다.

• 속 담

미친 놈의 말에도 쓸 말이 있다.
미친 사람의 말도 성인(聖人)이 가려 쓴다.

• 용 례

많은 생각을 하면 누구나 천려일득의 성과를 얻을 수 있다.

千里眼(천리안)

· 千: 일천 **천**   · 里: 거리 리   · 眼: 눈 안

• 뜻풀이

천리를 내다볼 수 있는 눈이란 뜻. 세상사를 날카롭게 꿰뚫어 볼 수 있는 안목, 미래에 일어날 일을 미리 내다보는 안목, 상대방의 속마음을 읽는 비상한 재주 등을 일컫는 말.

• 유사어

天眼通(천안통), 透視眼(투시안)

• 유 래

逸爲政愛人, 尤憎豪猾, 廣設耳目. 其兵吏出使下邑, 皆自持糧, 人或爲設食者, 雖在闇室, 終不進. 咸言: "楊使君有千里眼, 那可欺之."

〔魏書, 楊逸傳〕

양일(楊逸)은 정사를 함에 있어 백성들을 사랑하고 더구나 부호의 교활함을 미워하여, 널리 귀와 눈(필자주: 감시조)을 두었다. 그는 병사와 관리를 아래 읍에 보낼 때에는 모두가 스스로 식량을 가져가게 하였는데, 백성들 중 그들을 위하여 식사를 차리려는 자는 비록 어두운 방에 감추어 둔 것이라도 끝내 내놓지 못했다. 관리들 모두가 말했다. "양사군에게는 천리안이 있으니, 어찌 그를 속일 수 있겠소?"

• 심화이해

북위(北魏) 말 젊은 양일(楊逸)이 광주자사(光州刺史)가 되었다. 그는 젊은이였지만 나라의 근본이 백성인 것을 잘 아는 사람이었다. 백성들의 재산을 축낼 행사는 일체 중지시켰을 뿐만 아니라 고을에 흉년이 들었을 때는 관청의 곳간을 열어 식량을 나누어주었다. 이처럼 그는 백성을 사랑하고 청렴을 강조했기 때문에 하급관료들조차 부정행위를 저지를 수 없었음을 보여주는 것이 바로 인용문이다. 그렇지만 황제 자리를 엿보던 이주(爾朱) 일족에게 미움을 사 서른 두 살의 나이에 그는 죽임을 당하고 말았다.

• 용 례

그는 천리안처럼 남의 일을 잘 알고 있다.

千載一遇(천재일우)

·千: 일천 천   ·載: 해 재   ·一: 한 일   ·遇: 만날 우

• 뜻풀이

천 년에 한 번 만난다는 뜻. 좀처럼 얻기 어려운 귀중한 만남이나 그 기회를 일컫는 말.

• 유사어

盲龜浮木(맹귀부목), 盲龜遇木(맹귀우목), 千歲一時(천세일시)
千載一時(천재일시), 千載一會(천재일회)

• 유 래

夫未遇伯樂, 則千載無一騎. 夫萬歲一期, 有生之通塗, 千載一遇, 賢智之嘉會, 遇之不能無欣, 喪之何能無慨?

[袁宏, 三國名臣序贊]

대저 백락(伯樂)을 만나지 못하면 천 년이 지난들 천리마는 한 마리도 나오지 않으리라. 또 무릇 만 년에 한 번 기회가 온다는 것은 사람이 사는 세상의 일반적 법칙이며, 천 년에 한 번 만난다는 것은 현자와 지혜로운 자의 아름다운 만남이다. 만나면 기뻐하지 않을 수 없을 것인데, 잃으면 어찌 능히 개탄하지 않겠는가?

• 심화이해

이 인용문은 동진(東晉)의 원굉(袁宏)이 위(魏)·촉(蜀)·오(吳) 삼국을 건국하는데 공헌한 명신 20명의 업적을 칭송한 찬(贊)을 짓고 거기에 붙인 서문의 첫머리이다. 백락(伯樂)은 주(周)나라 사람으로 명마를 잘 식별하는 사람이다. 그런데 이 서문에서는 백락은 뛰어난 인물을 알아보는 눈을 가진 임금으로, 천리마는 탁월한 능력을 갖춘 명신으로 비유되어 있다. 따라서 그러한 임금과 신하의 만남이야말로 천재일우라는 것이다.

• 용 례

천재일우의 기회를 얻다니, 이게 웬 일인가.

鐵面皮(철면피)

· 鐵: 쇠 **철**   · 面: 낯 면   · 皮: 가죽 피

- 뜻풀이

얼굴에 철판을 깔았다는 뜻. 수치를 모르고 뻔뻔스럽기 짝이 없는 사람을 두고 일컫는 말.

- 유사어

强心臟(강심장), 强顔女子(강안여자), 面帳牛皮(면장우피), 破廉恥(파렴치)
厚顔(후안), 厚顔無恥(후안무치),

- 유 래

進士王光遠, 干索權豪無厭, 或遭撻辱, 略無改悔. 時人云: "光遠顔厚
如十重鐵甲."

〔孫光憲, 北夢瑣言〕

진사인 왕광원(王光遠)은 권세가와 호족을 찾아다니는 것을 싫어하지 않
고 인사를 드렸는데, 혹은 종아리 맞는 굴욕을 당해도 거의 고쳐 후회하
는 일이 없었다. 그때의 사람들이 말했다. "광원의 얼굴이 두텁기는 열 겹
의 무쇠 갑옷과 같다."

- 심화이해

왕광원은 학문과 재능이 뛰어나 진사가 될 수 있었으나 출세욕이 남달랐
다. 그래서 그는 권세가나 호족의 뒤를 좇아다니며 온갖 아첨을 일삼는
것이 극에 다다랐다. 형편없는 글귀를 두고 극찬을 하였고, 술에 취한 사
람이 채찍을 들어 때리려고 할 때도 대항하지 않고 오히려 등을 내밀어
맞고는 그의 비위에 맞추기에 여념이 없었다. 이런 일로 해서 당시 사람
들이 말한 것이 바로 인용문이다.

- 속 담

낯가죽이 쇠가죽이다.
벼룩도 낯짝이 있다.

비위(脾胃)가 노래기 회(膾)해 먹겠다.
빈대도 낯짝이 있다.
상판때기가 꽹과리 같다.
서울 까투리.
족제비도 콧등이 있다.

- **용 례**
  당신은 철면피처럼 그토록 뻔뻔스러울 수가 있소.

靑出於藍(청출어람)

· 靑: 푸를 청   · 出: 날 출   · 於: 어조사 어   · 藍: 쪽 람

- **뜻풀이**

쪽에서 나온 푸른색이 쪽빛보다 더 푸르다는 뜻. 제자가 스승보다 더 뛰어남을 비유하는 말.

- **활용형**

出藍(출람), 靑出於藍靑於藍(청출어람청어람), 靑出于藍(청출우람)

- **유사어**

氷寒于水(빙한우수), 出藍之榮譽(출람지영예), 出藍之譽(출람지예)
出藍之才(출람지재), 後生角高(후생각고)

- **유 래**

君子曰: "學不可以已. 靑取之於藍, 而靑於藍. 氷水爲之, 而寒於水. 木直中繩, 輮以爲輪, 其曲中規, 雖有槁暴, 不復挺者, 輮使之然也. 故木受繩則直, 金就礪則利, 君子博學而日參省乎己, 則知明而行無過矣. 故不登高山, 不知天之高也, 不臨深谿, 不知地之厚也, 不聞先王之遺言, 不知學問之大也. 干越·夷·貉之子, 生而同聲, 長而異俗, 敎使之然也."

〔荀子, 勸學篇〕

군자는 이렇게 말했다. "배움은 중단해서는 아니 된다. 푸른빛은 쪽풀에서 뽑아내지만 쪽빛보다 더 푸르고, 얼음은 물이 얼어서 된 것이지만 물보다 더 차다. 곧은 나무가 먹줄에 맞는다고 할지라도 불에 쬐고 구부려서 수레바퀴를 만들면 그 굽은 것이 굽은 자에 들어맞고, 이것을 다시 볕에 말려도 전처럼 펴지지 않는 것은 구부려 다졌기 때문에 그런 것이다. 나무가 먹줄의 힘을 빌어 곧게 되고, 쇠붙이가 숫돌에 갈려서 날카롭게 되는 것처럼, 군자도 나날이 지식을 넓히고 또 자신을 반성해가노라면 지혜는 밝아지고 행동함에 잘못이 없게 될 것이다. 따라서 높은 산에 올라가보지 않고는 하늘이 높은 것을 알지 못하고, 깊은 골짜기에 가보지 않

고는 땅이 넓음을 알지 못하니, 선왕이 남긴 말을 듣지 않고는 학문의 위대함을 알지 못하게 된다. 월나라 또는 멀리 동서남북에 자리잡은 크고 작은 오랑캐 나라의 아이들을 보더라도, 태어날 때에는 모두 같은 소리를 내지만 자라면서 생활풍속이 달라지는 것은 교화의 힘에 의한 것이다."

• 심화이해

　전국시대 조(趙)나라의 대학자 순자(荀子)는 맹자(孟子)의 성선설(性善說)과는 달리 성악설(性惡說)을 주장했다. 이처럼 두 사람은 사람의 본성에 대해서 서로 상반된 주장을 보였지만, 교육을 중시했던 데는 일치했다. 특히 순자는 인간의 본성이 악하지만 교육을 통해 선하게 할 수 있다고 보았다. 그 실례가 바로 인용문이다.

• 속　담

뒤에 난 뿔이 우뚝하다.

뒤에 심은 나무가 우뚝하다.

먼저 난 머리보다 나중 난 뿔이 무섭다.

• 용　례

자네는 졸업하면 청출어람이 되어야 한다네.

寸鐵殺人(촌철살인)

·寸: 마디 촌　·鐵: 쇠 철　·殺: 죽일 살　·人: 사람 인

•뜻풀이
한 치의 짧은 칼로 사람을 죽인다는 뜻. 날카로운 한 마디 말로 상대방의
허점이나 급소를 찔러 당황시키거나 감동시킴을 비유하는 말.

•유 래
宗杲論禪曰: "譬如人載一車兵器, 弄了一件, 又取出一件來弄, 便不是
殺人手段. 我則只有寸鐵41), 便可殺人."

〔羅大經, 鶴林玉露〕

종고선사(宗杲禪師)는 선(禪)에 대해 다음과 같이 말했다. "비유하자면,
사람이 수레에다가 가득 병기를 싣고 와서 하나를 꺼내 휘두르고, 또 다
른 하나를 꺼내 와서 휘두르는 것과 같지만, 이것은 결코 사람을 죽이는
수단이 아니다. 나에게 단지 한 치밖에 안 되는 짧은 칼이 있지만 그것만
으로도 문득 사람을 죽일 수 있다."

•심화이해
여기서 언급된 '살인'은 선(禪)에 대해 논한 말 중에 나오는 것이므로 실
제로 사람을 죽이는 것이 아니라, 사람의 마음속에 있는 온갖 망상을 없
애는 수단을 뜻한다. 이를 위해, 수양이 덜 된 사람들은 수많은 병기를 사
용하듯이 온갖 말들을 쓰고 있지만, 정신적 집중이 부족하기 때문에 망상
을 끊고 깨달음에 이를 수 없다는 것이다. 반면 깨달음의 경지에 이른 사
람은 단 한 마디의 핵심적인 경구, 즉 촌철만으로도 망상을 끊어낼 수 있
음을 나타내고 있다.

•용 례
그는 촌철살인의 날카로움으로 상대를 꼼짝 못하게 하였다.

---

41) 촌철: 촌(寸)은 성인 남자의 손가락 한 개의 길이를, 철(鐵)은 칼날이나 무기를 뜻함.
따라서 촌철은 한 치밖에 안 되는 칼날을 의미하며, 비유적으로는 날카로운 경구를 의
미하기도 한다.

沈魚落雁(침어낙안)

· 沈: 가라앉을 침 · 魚: 물고기 어 · 落: 떨어질 락 · 雁: 기러기 안

· **뜻풀이**
물고기가 연못에 깊숙이 가라앉고 기러기가 놀라 하늘로부터 떨어진다는 뜻.
아름다운 여자의 고운 얼굴을 형용하는 말.

· **활용형**
落雁沈魚(낙안침어)

· **유사어**
佳人絶世(가인절세), 傾國之美(경국지미), 傾城之色(경성지색)
丹脣皓齒(단순호치), 萬古絶色(만고절색), 羞花閉月(수화폐월)
絶代佳人(절대가인), 絶世美人(절세미인), 花容月態(화용월태)

· **유 래**
民食芻豢, 麋鹿食薦, 蝍蛆甘帶, 鴟鴉嗜鼠, 四者孰知正味? 猨猵狙以爲
雌, 麋與鹿交, 鰍與魚游. 毛嬙·西施, 人之所美也. 魚見之深入, 鳥見之
高飛, 麋鹿見之決驟, 四者孰知天下之正色哉? 自我觀之, 仁義之端, 是
非之塗, 樊然殽亂, 吾惡能知其辯!

[莊子, 齊物論]

백성들은 소고기와 돼지고기를 먹고, 고라니와 사슴은 풀을 먹고, 지네는
뱀을 달게 먹고, 올빼미와 까마귀는 쥐를 즐겨 먹는데, 이 네 가지 중에서
누가 바른 맛을 가졌는지 알겠는가? 원숭이는 편저(猵狙)를 암컷으로 여
기고, 고라니는 사슴과 교미하고, 미꾸라지는 물고기와 더불어 논다. 모장
(毛嬙)과 서시(西施)는 사람들이 모두 아름답게 여긴다. 그러나 물고기가
그들을 보면 깊이 숨고, 새가 그들을 보면 높이 날고, 고라니와 사슴도 보
면 재빨리 달아나는데, 이 네 가지 중에서 누가 천하의 바른 아름다움을
알겠는가? 내가 보건대 인의(仁義)의 실마리나 시비(是非)의 길은 어수선
하게 섞이고 어지러우니 내가 어찌 그것을 분별할 줄 알겠는가?

• 심화이해

  인용문은 설결(齧缺)과 왕예(王倪)가 서로 주고받은 문답 중 왕예의 말이다. 즉 인간을 비롯한 각기 다른 짐승들은 자기의 구미에 맞는 음식이 있게 마련이며, 사람들이 보기에는 나라를 뒤흔들 만한 미인도 짐승들의 눈에는 위험한 존재일 뿐이라는 것이다. 이 말의 골자는 진리라는 것은 상대적인 것이지 절대적인 것이 못된다는 것이다. 따라서 유자들이 말하는 인의니 시비니 하는 것도 절대적인 것이 못된다는 비판이 내재해 있다.

  이 가운데 좀 엉뚱하지만 '물고기가 물속 깊이 들어가고 기러기가 놀라 하늘로부터 떨어지는 것(沈魚落雁)'이 오늘날에는 미인을 형용하는 말로 쓰여지고 있다.

• 용 례

침어낙안 같은 얼굴, 꽃다운 님의 얼굴이라네.

他山之石(타산지석)

·他: 다를 타   ·山: 뫼 산   ·之: 갈 지   ·石: 돌 석

• 뜻풀이

다른 산의 돌이라도 자기의 옥을 가는데 도움이 된다는 뜻. 쓸모 없는 것이라도
쓰기에 따라서는 유용하게 쓰일 수 있으며, 또 남의 하찮은 언행도 자기 수양
의 거울로 삼을 수 있다는 말.

• 유사어

攻玉以石(공옥이석), 切磋琢磨(절차탁마)

• 유 래

鶴鳴于九皐	聲聞于野	魚潛在淵	或在于渚	
樂彼之園	爰有樹檀	其下維蘀	他山之石	可以爲錯

鶴鳴于九皐	聲聞于天	魚在于渚	或潛在淵	
樂彼之園	爰有樹檀	其下維穀	他山之石	可以攻玉

[詩經, 小雅, 鴻雁之什, 鶴鳴篇]

학이 높은 언덕에서 우니,
그 소리는 온 들녘까지 들리누나.
물고기는 깊은 연못에 잠겼다가,
때로는 물가로 나와 노는구나.
즐거워라 저 동산에는,
심어놓은 박달나무가 있으며,
그 아래에는 개암나무가 있도다.
남의 산의 조악한 돌이라도,
가히 숫돌로 삼을 수 있으리.

학이 높은 언덕에서 우니,
그 소리는 하늘까지 울려 퍼지네.

물고기는 물가에서 노닐다가,
때로는 깊은 연못에 잠기는구나.
즐거워라 저 동산에는,
심어놓은 박달나무가 있으며,
그 아래에는 닥나무가 있도다.
남의 산의 조악한 돌이라도,
가히 옥을 갈 수 있으리.

• **심화이해**

　공자가 '세 사람이 걸으면 그 중에는 반드시 내 스승이 될 만한 인물이 있다(三人行 必有我師焉)'고 했듯이, 우리 인간들은 위대한 인물로부터도 또 하찮은 인물로부터도 어떤 의미에서든 배울 만한 것이 많이 있다. 그리고 행실이 바르지 못한 인물의 나쁜 점을 통해서도 반면교사(反面敎師)할 수 있다. 특히 자기보다 못한 인물에게 묻는 것을 부끄럽게 여기지 않는 자세(不恥下問)가 필요하다. 이처럼 자신보다 못한 사람을 통해서도 얼마든지 자신을 바로잡을 수 있음을 보여주는 것이 바로 인용문이다.

• **용 례**

사람들은 남의 경험을 타산지석으로 삼아야 한다.

泰山北斗(태산북두)

· 泰: 클 태   · 山: 뫼 산   · 北: 북녘 북   · 斗: 말 두

• 뜻풀이

태산과 북두칠성이란 뜻. 우러러 보이는 존재 또는 그 분야에서 가장 뛰어난
사람을 비유하는 말.

• 활용형

山斗(산두), 泰斗(태두)

• 유사어

德爲人表(덕위인표), 萬夫之望(만부지망), 百世之師(백세지사)

• 유 래

唐興, 愈以六經之文, 爲諸儒倡. 自愈沒, 其學盛行, 學者仰之, 如泰山
北斗云.

〔唐書, 韓愈傳, 贊〕

당(唐)나라가 흥하자, 한유(韓愈)는 육경(六經)42)의 문장으로써 여러 학자
들의 스승이 되었다. 한유가 죽은 이후로도 그의 학문은 크게 행해져, 학
자들은 그를 태산과 북두와 같이 숭앙했다.

• 심화이해

한유(韓愈)는 당나라 때의 문장가로 소위 당송팔대가(唐宋八大家)의 첫머
리에 놓이는 사람이다. 그는 육조시대부터 내려온 것으로 화려한 표현에
비해서 내용이 빈약한 사륙변려체(四六騈儷體)의 문장을 개혁했다. 그리하
여 한(漢)나라 이전의 자유로운 문어체의 문장 즉 고문(古文)을 부활시켰
다. 그가 부활시킨 고문은 이후 중화민국에 이르기까지 중국 산문체의 주
류를 이루어왔다. 그는 또한 노장(老莊)과 불교를 배척하고 유교를 숭상한
것으로도 유명하다. 이러한 한유의 공적을 칭송한 것이 바로 인용문이다.

---

42) 육경: 역경(易經) · 시경(詩經) · 서경(書經) · 춘추(春秋) · 예기(禮記) · 악경(樂經)을 지칭함.

태산(泰山)은 산동성(山東省)에 있는 산으로 오악(五嶽)의 하나이며, 북두 (北斗)는 북극성(北極星)으로 별들의 중심적인 별이다. 따라서 태산북두는 원래 사람들이 항상 우러러보고 높이는 것을 가리킨다. 그러나 오늘날에 는 한 분야의 정상을 차지한 제 일인자 또는 최고의 권위를 가진 권위자 를 가리키는 말로도 쓰이고 있다.

•용 례
그 사람은 바둑계에서 태산북두와 같은 존재였다.

兎死狗烹(토사구팽)

·兎: 토끼 **토**   ·死: 죽을 사   ·狗: 개 구   ·烹: 삶을 팽

• 뜻풀이

토끼 사냥이 끝나면 사냥개는 삶아 먹힌다는 뜻. 남에게 이용만 당하고 헌 신짝처럼 버려진다는 말.

• 활용형

狡兎死良狗烹(교토사양구팽)

• 유사어

高鳥盡良弓藏(고조진양궁장), 得魚忘筌(득어망전)

飛鳥盡良弓藏(비조진양궁장), 野獸盡獵狗烹(야수진렵구팽)

• 유 래

人或說信曰:"斬眜謁上, 上必喜, 無患." 信見眜計事. 眜曰:"漢所以不擊取楚, 以眜在公所. 若欲捕我以自媚於漢, 吾今日死, 公亦隨手亡矣." 乃罵信曰:"公非長者!" 卒自剄. 信持其首, 謁高祖於陳. 上令武士縛信, 載後車. 信曰:"果若人言, '狡兎死, 良狗亨, 高鳥盡, 良弓藏, 敵國破, 謀臣亡.' 天下已定, 我固當亨!" 上曰:"人告公反." 遂械繫信. 至雒陽, 赦信罪, 以爲淮陰侯.

〔史記, 淮陰侯列傳〕

한신의 부하가 한신(韓信)에게 말했다. "종리매(鍾離眜)의 목을 베어 가지고 가면 임금이 반드시 기뻐하실 것이고, 모든 후환이 없어질 것입니다." 한신이 종리매를 보고 그러한 이야기를 했다. 그러자 종리매가 대답했다. "유방의 한(漢)나라가 초(楚)나라를 공격하지 못하는 것은 나와 자네와 함께 있기 때문일세. 만약 자네가 나를 사로잡아 유방의 한나라에 환심을 사려 한다면, 나는 지금 죽을 수밖에 없지만 자네도 또한 무사하지 못하게 될걸세." 그러면서 한신을 꾸짖으며 말했다. "자네 같은 사람은 남의 위에 설 그릇이 못 되네." 말을 마치자 종리매는 스스로 목숨을 끊었

다. 한신은 종리매의 목을 가지고 진(陳)으로 가서 유방을 만났다. 하지만 유방은 무사(武士)로 하여금 한신을 결박케 하고 수레에 실었다. 한신은 비분강개하면서 말했다. "과연 사람들의 말이 맞는구나. '교활한 토끼를 사냥하고 나면 쓸모 없어진 훌륭한 사냥개는 삶아지고, 높이 나는 새를 다 잡으면 좋은 활은 치워지며, 적국을 쳐부수고 나면 지혜로운 신하는 버림받는다.'고 하더니만. 천하가 이미 평정되었으니, 나 역시 사냥개처럼 삶아지는구나." 그 말을 들은 유방이 말했다. "사람들은 그대가 모반을 꾀하고 있다는, 글을 올렸네." 끝내 한신에게 형틀을 씌워 압송했다. 주거지를 낙양(雒陽)으로 제한시키고는 한신의 죄를 감면해 회음후(淮陰侯)로 삼았다.

- **심화이해**

한신(韓信)은 젊어서 밥을 빌어 먹을 정도로 가난했지만 소하(蕭何)의 추천으로 유방(劉邦)의 대장군(大將軍)이 되어 항우를 물리치는데 결정적인 공헌을 한 인물이다. 그런데 항우(項羽)의 부하였던 종리매(鍾離眛)는 항우가 죽자 친구인 한신에게 피신해 있었다. 그런데 한때 종리매에게 고전을 면치 못해 원한을 품고 있던 유방이 이 사실을 알고는 즉시 본국으로 압송토록 했다. 그러나 한신은 유방의 명령을 어기고 종리매를 숨겨 주었다.

그때 마침 한신이 모반을 꾀하고 있다는 상소문이 유방에게 올려졌다. 이 상소문을 본 유방은 크게 노하여 어전회의를 소집하고 진평(陳平)의 계책을 받아들여 운몽(雲夢)을 순시한다는 명분으로 모든 제후들을 초나라 진(陳)으로 모이게 했다. 이에 한신은 의구심이 없는 것은 아니었지만 참석하기로 하자, 그의 부하가 종리매의 목을 베라고 한 이후의 상황이 바로 인용문이다.

- **속 담**

토끼를 다 잡으면 사냥개를 삶는다.

- **용 례**

정치인들은 늘 토사구팽의 불안감에 사로잡혀 있다.

推敲(퇴고)

· 推: 밀 퇴　· 敲: 두드릴 고

· 뜻풀이

밀고 두드린다는 뜻. 시문을 지을 때 자구를 여러 번 생각하여 고침을 일컫는 말.

· 유래

（賈島）自是往往獨語, 旁若無人. 或鬧市高吟, 或長街嘯傲. 忽一日于驢上吟得: "鳥宿池中樹, 僧敲月下門." 初欲著推字, 或欲著敲字, 煉之未定. 遂于驢上作推字手勢, 又作敲字手勢, 不覺行半坊, 觀者訝之, 島似不見. 時韓吏部權京兆尹, 意氣淸麗, 威振紫陌. 經第三對呵喝, 島但手勢未已, 俄爲宦者推下驢, 雍至尹前, 島方覺悟, 顧問欲責之, 島具對: "偶得一聯, 吟安一字未定, 神游詩府, 致冲大官, 非敢取尤, 希垂至鑒." 韓立馬良久, 思之, 謂島曰: "作敲字佳矣." 遂與島竝轡語笑, 同入府署, 共論詩道, 數日不厭, 因與島爲布衣之交.

〔何光遠, 鑒戒錄〕

가도(賈島)는 스스로 왕왕 혼잣말을 잘했으며, 옆에 있는 사람은 안중에도 없었다. 가끔 시끄러운 시장에서 큰 소리로 읊기도 하고, 가끔 큰 길가에서 거만하게 떠들기도 하였다. 하루는 문득 나귀 위에서 읊조리다, 다음 같은 시구를 얻었다. "새는 연못 가운데 나무에서 잠자고, 중은 달 아래 문을 두드리네." 처음에는 퇴(推)자로 하고자 하였다가 다시 고(敲)자로 할까 망설이다 정하지 못하였다. 드디어 나귀 위에서 손놀림으로 퇴(推)자로도 써보고, 고(敲)자로도 써보다가 자기도 모르게 반방(半坊)을 더 가고 말았다. 보던 사람들이 의아하게 여겼지만, 가도는 알지 못하는 듯하였다. 그때 이부(吏部)로 경조윤(京兆尹)[43]을 지내던 한유(韓愈)는 의기가 맑고 고운 사람이었는데, 위엄이 장안에 널리 떨치고 있었다. 가도가 한유와 같

---

43) 경조윤: 당나라 때 서울 장안을 지키며 다스리던 으뜸 벼슬.

은 고관의 행차를 모르고 지나니 큰 소리로 꾸짖었으나, 그는 글자를 써 보는 손놀림을 그치지 않았다. 갑자기 호위하던 벼슬아치가 나귀 아래로 미는 바람에 떨어져 경조윤 한유 앞에 나아가게 되었다. 가도는 바야흐로 사태를 깨닫고 있었는데, 한유가 꾸짖으려고 하니 그는 다음처럼 말했다. "우연히 한 시구를 얻었는데, 아직 한 글자를 정하지 못했습니다. 정신이 시부(詩府)에서 노닐다 보니 잘못하여 대관(大官: 경조윤) 앞에 오게 되었습니다. 감히 일부러 잘못하려고 한 것이 아니, 지극한 보살핌을 주시기 바랍니다." 한유는 말 위에서 오랫동안 생각하다가 가도에게 말했다. "고(敲)자로 하는 것이 아름답다." 드디어 가도와 말고삐를 나란히 담소하면서 함께 관청으로 들어가, 시도(詩道)를 논하기를 수일 동안 그치지 않았다. 그래서 한유는 가도와 포의지교(布衣之交)를 맺게 되었다.

- **용 례**

한 글자 한 글자 정성스럽게 퇴고하여야 한다.

破鏡(파경)

· 破: 깨질 파 · 鏡: 거울 경

• 뜻풀이

깨진 거울이란 뜻. 부부의 이별 또는 이혼을 비유하여 이르는 말.

• 유사어

半鏡(반경), 分鏡(분경), 兩分淸鏡(양분청경), 破鑑(파감)

• 상대어

破鏡重圓(파경중원), 破鏡中國(파경중국)

• 유 래

陳太子舍人徐德言之妻, 後主叔寶之妹, 封樂昌公主, 才色冠絶. 德言爲太子舍人, 方屬時亂, 恐不相保, 謂其妻曰: "以君之才容, 國亡必入權豪之家, 斯永絶矣. 儻情綠未斷, 猶冀相見, 宜有以信之." 乃破一鏡, 各執其半, 約曰: "他日必以正月望賣於都市. 我當在, 則以是日訪之." 及陳亡, 其妻果入越公楊素之家, 寵嬖殊厚. 德言流離辛苦, 僅能至京, 遂以正月望, 訪於都市. 有蒼頭賣半鏡者, 大高其價, 人皆笑之. 德言直引至其居, 予食, 具言其故, 出半鏡以合之. 乃題詩曰: "鏡與人俱去, 鏡歸人不歸. 無復嫦娥影, 空留明月輝." 陳氏得詩, 涕泣不食. 素知之, 愴然改容, 卽召德言, 還其妻, 仍厚遺之.

〔太平廣記 卷一百六十六, 氣義 一, 楊素〕

남조(南朝)의 마지막 왕조인 진(陳)나라의 태자사인(太子舍人)이었던 서덕언(徐德言)의 아내는 진나라 마지막 황제였던 후주(後主)의 여동생으로 낙창공주(樂昌公主)에 봉해졌는데, 재주와 미모가 비할 바가 없을 정도로 매우 뛰어났다. 서덕언이 태자사인이었을 때 난리가 임박하자, 그는 서로 보호해 주지 못할 것을 염려하여 그 아내를 불러 말했다. "그대는 용모와 재주가 뛰어나므로 나라가 망하게 되면 반드시 적국의 어느 권세가로 끌려가 다시 만날 수가 없게 될 것이오. 그렇지만 인연을 미리 예단할 수는 없으나 혹 서로 다시 만날 기회를 바랄 수도 있으니 마땅히 신표(信標)를 가지도록 합시다." 그리고는 거울 하나를 깨뜨려 각기 그 반쪽씩 나누어 가지며 약속했다. "훗날 반드시 정월 보름날 시장에 내다 파시오. 내가 살아남는다면 그날에 찾아가겠소." 진나라가 망하고, 그 아내는 과연 월국공(越國公) 양소(楊素)의 집으로 들어가게 되었으나, 양소의 사랑이 특별나게 두터웠다. 서덕언은 정처 없이 떠돌아다니다가 천신만고 끝에 겨우 장안에 도착하여 드디어 정월 보름날이 되자 시장을 찾았다. 마침 깨어진 반쪽 거울을 파는 사나이가 있었는데, 그 가격이 지나치게 비싸 사람들이 모두 비웃었다. 서덕언은 그 사나이를 자기가 머무는 곳으로 데려가 먹을 것을 주고 또 거울에 얽힌 내력을 말하고는 자기의 거울을 꺼내 맞춰 보니 두 조각이 딱 들어맞았다. 서덕언은 거울 뒤에 시를 적었다. "거울과 사람이 더불어 함께 가더니, 거울만 돌아오고 사람은 돌아오지 않는구나. 다시는 상아(嫦娥)의 그림자가 보이지 않는데, 헛되이 밝은 달빛만 휘영청 품었도다." 심부름 갔던 사람이 가지고 돌아온 거울을 본 서덕언의 아내 진씨(陳氏: 낙창공주)는 그 시를 읽고 울기만 할뿐 아무 것도 먹지 않았다. 양소가 이 사실을 알고 두 사람의 사랑에 감동하여 마음을 고쳐먹고 즉시 서덕언을 불러 그녀와 함께 고향으로 돌아가게 해주면서 많은 선물까지 보내주었다.

• 용 례
무슨 일이 있어도 파경만은 막아야 한다.

破竹之勢(파죽지세)

· 破: 깰 파   · 竹: 대나무 죽   · 之: 갈 지   · 勢: 기세 세

· 뜻풀이
대나무가 쪼개지는 듯한 기세라는 뜻. 거칠 것 없는 맹렬한 기세를 일컫는 말.

· 유사어
土氣衝天(사기충천), 席卷之勢(석권지세), 勢如破竹(세여파죽)
乘勝長驅(승승장구), 迎刃而解(영인이해), 旭日昇天(욱일승천)

· 유 래
預曰: "昔樂毅藉濟西一戰, 以幷彊齊. 今兵威已振, 譬如破竹, 數節之
後, 皆迎刃而解, 無復著手處也."

[晉書, 杜預傳]

두예(杜預)가 말했다. "옛날에 악의(樂毅)는 제서(濟西)의 한 번 싸움에서
승리하여 강국 제(齊)나라를 병합했다. 지금 우리의 군대는 위세가 하늘을
찌를 듯하다. 비유하면 마치 대나무를 쪼개는 것과 같아, 몇 마디를 쪼갠
다음에는 칼날을 대기만 해도 저절로 갈라져서 다시 손댈 곳조차 없다."

· 심화이해
서진(西晉)의 무제(武帝)에게는 두예(杜預)라는 진남대장군(鎭南大將軍)이
있었다. 두예는 남쪽 오(吳)나라를 정벌할 것을 주장한 양고(羊祜)가 죽으
면서 추천한 인물이었다. 그도 양고와 마찬가지로 역시 무제에게 오나라
를 토벌하자고 상소했다. 이 계획의 무모함이 지적되기도 했으나 무제는
결국 그의 상소를 받아들여 오나라를 공격해 들어갔다. 그리하여 오나라
의 수도 건업(建業)을 점령한 뒤 승승장구하면서 무창(武昌)에서 작전회의
가 열렸는데 어떤 사람이 장마철이 시작된다면서 반대하자, 두예가 대답한
것이 바로 인용문이다. 두예의 말대로 오나라로 쳐들어가자 오나라는 싸
움도 하지 않고 항복하여 무제는 천하를 통일하게 되었다.

· 속 담
방죽 터진 물 같다.

· 용 례
적진에 쳐들어갈 때는 파죽지세로 공격해야 한다.

破天荒(파천황)

· 破: 깰 파　· 天: 하늘 천　· 荒: 거칠 황

· 뜻풀이

천지개벽 이전의 상태를 깨뜨린다는 뜻. 지금껏 아무도 생각하지 못했던 놀
랄 만한 일을 하는 것을 일컫는 말.

· 유사어

未曾有(미증유), 前代未聞(전대미문)

· 유 래

唐荊州衣冠藪澤, 每歲解送擧人, 多不成名. 號曰天荒解. 劉蛻舍人, 以
荊解及第. 號爲破天荒.

[孫光憲, 北夢瑣言]

당(唐)나라의 형주(荊州)는 글공부하는 사람들이 많이 모이는 곳이니, 해
마다 해(解)를 뽑아 중앙에 과거보러 보냈지만 많은 사람이 급제하지 못
했다. 이들을 이름하여 천황해(天荒解)라고 불렀다. 그런데 유세(劉蛻)란
사람이 형주의 해(解)로써 중앙에 급제했다. 그래서 사람들은 그를 파천황
(破天荒)이라고 불렀다.

· 심화이해

당나라 때의 과거제도는 시와 부(賦)를 짓는 능력을 시험하는 진사과(進
士科)가 주류를 이루었다. 응시자격은 지방에 설치한 국립학교에서 우수한
성적을 낸 자와 지방장관이 시행하는 선발시험에 합격해서 중앙에 추천받
는 두 종류였다. 후자의 합격자를 '해(解)'라고 불렀다.

천황(天荒)은 중앙에 급제하지 못한 것을, 파천황(破天荒)은 중앙에 급제
한 것을 의미한다. 그런데 파천황은 그 의미가 변이되어 오늘날은 전대미
문의 사건을 가리킬 때 쓰인다.

· 용 례

그는 파천황처럼 벤처기업의 신화를 이루었다.

暴虎憑河(포호빙하)

· 暴: 사나울 포   · 虎: 호랑이 호   · 憑: 건널 빙   · 河: 물이름 하

• 뜻풀이
맨손으로 호랑이를 잡고 맨발로 강을 건넌다는 뜻. 용기는 있지만 지모가 없는 사람을 비유하는 말.

• 유사어
搏虎溯河(박호빙하)

• 유 래
子謂顔淵曰: "用之則行, 舍之則藏, 惟我與爾有是夫." 子路曰: "子行三軍則誰與?" 子曰: "暴虎馮河, 死而無悔者, 吾不與也. 必也臨事而懼, 好謀而成者也."

[論語, 述而篇]

공자가 안연(顔淵)에게 말했다. "등용되면 나아가 자기의 포부와 경륜을 펼치고, 버려져 쓰이지 않으면 자기의 재능을 감추고서 도를 즐길 수 있는 사람은 오직 나와 너일 뿐이다." 자로(子路)가 이를 듣고 공자에게 물었다. "선생님께서 삼군(三軍)을 지휘하여 전쟁을 하게 되신다면 누구와 더불어 행동하시겠습니까?" 공자가 대답했다. "호랑이를 맨손으로 잡고 강을 걸어서 건너다 무모하게 죽어도 후회하지 않는 사람과는 나는 함께하지 않겠다. 반드시 일을 임할 때마다 조심하고, 지모를 써가면서 성공하는 사람과 함께할 것이다."

• 심화이해
공자의 제자는 수없이 많다. 덕행에는 안연(顔淵) · 민자건(閔子騫) · 염백우(冉伯牛) · 중궁(仲弓)이 있고, 언변에는 재아(宰我) · 자공(子貢)이 있고, 정치에는 염유(冉有) · 자로(子路)가 있고, 문학에는 자유(子游) · 자하(子夏)가 있다.

그런데 안연과 자로에 대해 공자는 용감하기만 하고 지모가 떨어지는 자

로보다는 총명한 안연을 더 좋아했다. 이 때문에 자로는 은근히 불만을 품고 있다가 안연을 칭찬하는 하는 말을 듣고 공자와 문답을 주고받은 것이 인용문이다.

• **용 례**

세상을 살면서 포호빙하처럼 무모하면 안 된다.

涸轍鮒魚(학철부어)

· 涸: 마를 **학**　· 轍: 바퀴시두 **철**　· 鮒: 붕어 **부**　· 魚: 고기 어

• 뜻풀이

수레바퀴 자국에 괸 물에 있는 붕어란 뜻. 궁지에 빠져 구원이 시급한 상황,
위급한 처지에 있으면서도 당장 눈앞의 이익을 챙기는 사람 등을 일컫는 말.

• 활용형

涸鮒(학부), 涸轍(학철), 轍鮒(철부)

• 유사어

車轍鮒魚(거철부어), 牛蹄之魚(우제지어), 轍鮒之急(철부지급)
涸轍之鮒(학철지부)

• 참고어

幸蘇涸轍(행소학철)

• 유 래

　莊周家貧, 故往貸粟於監河侯. 監河侯曰:"諾. 我將得邑金, 將貸子三
百金, 可乎?"莊周忿然作色曰:"周昨來, 有中道而呼者. 周顧視車轍中,
有鮒魚焉."周問之曰:"鮒魚來! 子何爲者邪?"對曰:"我, 東海之波臣
也. 君豈有斗升之水而活我哉?"周曰:"諾. 我且南遊吳越之土, 激西江
之水而迎子, 可乎?"鮒魚忿然作色曰:"吾失我常與, 我无所處. 吾得斗
升之水然活耳, 君乃言此, 曾不如早索我於枯魚之肆!"

〔莊子, 外物篇〕

　장주(莊周)는 집이 가난했기 때문에 감하후(監河侯)에게 곡식을 빌리러
갔다. 이에 감하후가 말했다. "좋네. 내가 장차 내 봉읍(封邑)으로부터 세
금을 받아들이려 하는데, 그것을 받아 자네에게 삼백 금쯤 꾸어주면 되겠
는가?"이에 장주는 화를 내며 안색을 고치고서 말했다. "내가 어제 이곳
으로 올 때 도중에 나를 부르는 자가 있었네. 내가 돌아보니 수레바퀴 자
국에 고인 물 속에 한 마리의 붕어가 있더군. 그래서 내가 붕어에게 물었

네. '붕어야, 너는 왜 그러니?' 그러자 그 붕어가 대답했네. '저는 동해의 파신(波臣)입니다. 당신은 한 말이나 한 되쯤 되는 물을 가져다가 저를 살려주실 수 있겠습니까?' 그래서 나는 대답했네. '좋다. 나는 바야흐로 남방의 오(吳)나라와 월(越)나라 땅으로 유세 가는 길인데, 서강(西江)의 물을 터놓아 너를 맞도록 하면 되겠는가?' 그러자 그 붕어는 화를 내며 안색을 고치고 말했네. '저는 지금 제게 있어야 할 물을 잃어, 저는 있을 곳이 없습니다. 저는 한 말이나 한 되쯤 되는 물을 얻어 목숨을 부지하려는 것인데 당신은 그렇게 말씀하시니, 일찌감치 재빨리 건어물(乾魚物) 가게로 가셔서 저를 찾는 것만 못합니다.'"

• **용 례**

그는 학철부어같이 위급한 순간을 맞이하고 있다.

이번 일이 성공하면 도움을 주신다고 하나, 학철부어의 신세인 저는 그때까지 기다릴 시간이 없습니다.

邯鄲之步(한단지보)

·邯: 땅이름 한   ·鄲: 땅이름 단   ·之: 갈 지   ·步: 걸음 보

· 뜻풀이

한단 사람들의 걸음걸이라는 뜻. 자기의 본분이나 능력을 생각하지 않고 남의 흉내를 내다 아무 것도 얻지 못하거나, 함부로 남의 흉내를 내어 자기의 본분을 잊어버림을 일컫는 말.

· 유사어

邯鄲學步(한단학보)

· 참고어

故步自封(고보자봉), 固步自封(고보자봉)

· 유 래

"且子獨不聞夫壽陵餘子之學行於邯鄲與? 未得國能, 又失其故行矣, 直匍匐而歸耳. 今子不去, 將忘子之故, 失子之業." 公孫龍口呿而不合, 舌舉而不下, 乃逸而走.

〔莊子, 秋水篇〕

공자 모(牟)가 말했다. "또한 그대는 저 연(燕)나라 수도 수릉(壽陵)의 젊은이가 걸음걸이를 배우러 조(趙)나라 한단(邯鄲)으로 갔다는 이야기를 듣지 못하였는가? 아직 그 나라의 걸음걸이도 능하지 못하였는데 자기 나라의 걸음걸이마저 잊어버려, 엉금엉금 기어서 돌아왔을 뿐일세. 당장 그대가 가지 않는다면, 장차 그대의 방법을 잊고 그대의 본분을 잃어버릴 것일세." 공손룡(公孫龍)은 입을 벌린 채 다물지 못하고, 혀가 올라가서 내려오지 않아 곧 재빨리 도망쳤다.

· 심화이해

공손룡(公孫龍)이 위(魏)나라 공자 모(牟)에게 장자의 말을 이해할 수 없는데 자기의 이론이 미치지 못해서인지 아니면 자기의 지혜가 장자보다 못해서인지 물은 것에 대해, 공자 모가 대답한 것이 바로 인용문이다.

· 용 례

선진 기술이라 하여 무조건 배우러 들면, 한단지보의 우를 범하기 쉽다.

汗牛充棟(한우충동)

·汗: 땀흘릴 **한**   ·牛: 소 **우**   ·充: 채울 **충**   ·棟: 기둥 **동**

•뜻풀이
실으면 소가 땀을 흘리고 쌓으면 들보에까지 꽉 채운다는 뜻. 책이 많은 것을 비유하는 말.

•유 래
孔子作春秋, 千五百年. 以名爲傳者五家, 今用其三焉. 乘觚牘, 焦思慮, 以爲讀注疏說者, 百千人矣. 攻訐狠怒, 以辭氣相擊排冒沒者. 其爲書, 處則充棟宇, 出則汗牛馬. 或合而隱, 或乖而顯. 後之學者, 窮老盡氣, 左視右顧, 莫得其本. 則專其所學, 以訾其所異, 黨枯竹, 護朽骨, 以至於父子傷夷, 君臣詆悖者, 前世多有之. 甚矣! 聖人之難知也.

[柳宗元, 陸文通先生墓表]

공자께서 『춘추(春秋)』를 짓고서 1500년이 지났다. 이름이 전해지는 사람이 다섯 있는데, 지금 그 셋을 쓴다. 죽간을 잡고 생각을 초조하게 하면서, 읽고 주석을 달고 의논을 한 자가 수없이 많았다. 그들은 말로써 서로 공격하고 숨은 일을 들추어내면서 어지러이 분노하는 자들이었다. 그들이 지은 책들은 집에 쌓아두면 집이 꽉 차고, 실어내려면 소와 말이 땀을 흘릴 정도였다. 더러는 공자의 뜻에 맞는 책이 숨겨지고, 더러는 어긋나는 책이 세상에 드러나기도 했다. 후세의 학자들은 늙음이 다하고 기운이 다하여 왼쪽을 보고 오른쪽을 돌아보아도 그 근본을 얻지 못했다. 그 배우는 것에 전념하여 서로 다른 바를 비방하고, 마른 대나무의 무리가 되고, 썩은 뼈를 지키고, 심지어 부자(父子)가 서로 상처를 내고 임금과 신하가 배반하는 자가 이전 세상에는 많이 있었다. 심하구나, 성인 공자의 뜻을 알기가 어려운 것이다.

•심화이해
당나라 유종원이 당나라 학자 육지(陸贄)를 추모한 글이 인용문이다.

•용 례
그의 서재에는 한우충동의 많은 책이 쌓여 있지만, 정작 그는 그 중의 단 한 권도 끝까지 읽어보지 않았다.

偕老同穴(해로동혈)

·偕: 함께 **해**   ·老: 늙을 **로**   ·同: 같을 **동**   ·穴: 구멍 **혈**

• 뜻풀이

살아서는 함께 늙다가 죽어서는 같은 무덤에 묻힌다는 뜻. 부부 사이의 금슬이 아주 좋은 것을 비유하는 말.

• 유사어

百年偕樂(백년해락), 百年偕老(백년해로)

• 유 래

死生契闊　　與子成說　　執子之手　　與子偕老
[詩經, 邶風, 擊鼓]

죽음과 삶, 만남과 헤어짐을,
그대와 함께하리라 언약했지.
나 그대의 손을 부여잡고,
그대와 함께 늙어가리라.

穀則異室　　死則同穴　　謂予不信　　有如皦日
[詩經, 王風, 大車]

살아서는 딴 집이었어도,
죽어서는 같은 무덤에 묻히겠소.
내 말을 미덥지 못하다 하신다면,
저 밝은 해를 두고 맹세하리라.

• 심화이해

첫 번째 인용문은 전쟁에 나간 사람이 고향에 돌아갈 기약조차 할 수 없어서 고향에 있는 연인을 그리워하며 읊은 노래이고, 두 번째 인용문은 초나라에 의해 식(息)나라가 짓밟혀 왕비가 초왕의 부인이 되었다가 그녀가 자결하자 식나라 왕도 뒤따라 죽으면서 읊은 노래이다.

• 속 담

검은 머리가 파 뿌리 될 때까지 살자.

• 용 례

예로부터 해로동혈은 부부 사이의 큰 축복으로 여겨왔다.

螢雪之功(형설지공)

· 螢: 반딧불 형　· 雪: 눈 설　· 之: 갈 지　· 功: 공 공

· **뜻풀이**

반딧불과 눈이 발하는 빛에서 얻은 공이란 뜻. 온갖 고생을 다하며 부지런히
학문을 닦는 것을 일컫는 말.

· **활용형**

螢雪(형설)

· **유사어**

雪案(설안), 孫康映雪(손강영설), 映雪讀書(영설독서), 車胤聚螢(차윤취형)
車螢孫雪(차형손설), 螢窓雪案(형창설안), 螢學(형학)

· **참고어**

晝耕夜讀(주경야독)

· **유　래**

孫氏世錄曰: "康家貧無油, 常映雪讀書, 少小淸介, 交遊不雜. 後至御
史大夫.

晉車胤字武子, 南平人. 恭勤不倦, 博覽多通. 家貧不常得油, 夏月則練
囊, 盛數十螢火, 以照書, 以夜繼日焉. 桓溫在荊州, 辟爲從事, 以辯識義
理, 深重之. 稍遷征西長史, 遂顯於朝廷."

[李瀚, 蒙求 上]

『손씨세록(孫氏世錄)』에 다음과 같은 이야기가 있다. "진(晉)나라 손강(孫
康)은 집안이 가난했기 때문에 등불을 붙일 기름을 살 돈이 없어 겨울에
는 항상 눈에 비추어 책을 읽었다. 어렸을 때부터 마음이 맑고 지조가 굳
어 사귀고 노는 데도 뜻을 같이 하지 않는 사람과는 교제하지 않는 등 잡
되지 않았다. 후에 관직에 나아가 어사대부(御史大夫)에 이르렀다.

진(晉)나라 차윤(車胤)은 자를 무자(武子)라 하고, 교주 합포군 남평현(南
平縣) 사람이다. 겸손하고 부지런하며 게으르지 않으면서 널리 많은 서적

을 보고 많은 것을 통달하였다. 그러나 집안이 가난했기 때문에 기름이 떨어지는 경우가 많아서, 여름에는 명주 주머니에 몇 십 마리의 반딧불을 잡아넣고 그 빛으로 비추어 책을 읽으면서 밤에도 낮처럼 공부했다. 후에 환온(桓溫)이 형주자사(荊州刺史)로 있었을 때 그를 불러서 자신의 종사관으로 삼았는데 의리대로 잘 판별하여 크게 중용하였다. 계속 벼슬에 나아가 정서(征西)장군의 장사(長史: 서기장)가 되어 마침내 이름이 조정에 크게 알려졌다."

• 용 례

그는 형설지공으로 노력하여 시험에 합격하였다.

狐假虎威(호가호위)

· 狐: 여우 **호**　· 假: 빌릴 **가**　· 虎: 호랑이 **호**　· 威: 위세 **위**

· **뜻풀이**

　여우가 호랑이의 힘을 빌어 위세를 부린다는 뜻. 소인배가 권세를 업고 위세를 부리는 것을 일컫는 말.

· **활용형**

　假虎威(가호위), 虎威狐假(호위호가)

· **유사어**

　假虎威狐(가호위호), 借虎威狐(차호위호), 挾勢(협세)

· **유 래**

　虎求百獸而食之, 得狐. 狐曰: "子無敢食我也. 天帝使我長百獸, 今子食我, 是逆天帝命也. 子以我爲不信, 吾爲子先行, 子隨我後, 觀百獸之見我而敢不走乎?" 虎以爲然, 故遂與之行, 獸見之皆走. 虎不知獸畏己而走也, 以爲畏狐也.

〔戰國策, 楚策〕

　호랑이가 여러 짐승들을 잡아서 먹으려는데, 여우를 잡게 되었다. 여우가 말했다. "당신은 감히 나를 잡아먹지 마시오. 천제가 나를 모든 짐승들의 우두머리로 삼았으니, 지금 당신이 나를 잡아먹는다면 그것은 천제의 명을 거역하는 것이오. 당신이 나의 말을 믿지 못하겠다면 내가 당신 앞에서 갈 것이니, 당신은 내 뒤를 따라오면서 모든 짐승들이 나를 보고도 감히 달아나지 않는가 보시오." 호랑이는 그럴듯하다고 여겨 마침내 그와 함께 가니, 짐승들은 그들을 보고서 모두 달아났다. 호랑이는 짐승들이 자기를 두려워하여 달아난다는 것을 알지 못하고, 여우를 두려워한다고 여겼다.

· **심화이해**

　전국시대 위나라의 강을(江乙)이란 사람이 초(楚)나라에 귀화하여 신하가 되어 있었다. 그때 초나라 선왕(宣王)이 대신들에게 북쪽에 있는 나라들이 소해휼(昭奚恤)을 두려워한다고 하는데 사실인지 물었다. 그러자 강을은 마침 소해휼의 전횡 때문에 선왕을 설득하기에 애로를 겪고 있던 터라 선왕의 물음에 대답한 것이 바로 인용문이다. 곧 북쪽 나라들이 소해휼을 두려워하는 것이 아니라 그에게 맡겨둔 선왕의 백만 군대를 두려워하기 때문이라는 것을 우언을 들어 비유했던 것이다.

• 속 담

문선왕(文宣王: 공자의 시호) 끼고 송사(訟事)한다.

• 용 례

그 사람은 호가호위처럼 위세를 부리고 있다지, 아마.

浩然之氣(호연지기)

·浩: 넓을 호   ·然: 그러할 연   ·之: 갈 지   ·氣: 기운 기

• 뜻풀이

하늘과 땅 사이에 가득 찬 거대한 정기나, 공명정대하여 조금도 부끄러움이 없는 도덕적 용기를 이르는 말.

• 활용형

浩氣(호기)

• 유사어

正氣(정기), 正大之氣(정대지기)

• 유 래

　"敢問, 夫子惡乎長?" 曰: "我知言, 我善養吾浩然之氣." "敢問, 何謂浩然之氣?" 曰: "難言也. 其爲氣也, 至大至剛, 以直養而無害, 則塞於天地之間. 其爲氣也, 配義與道, 無是, 餒也. 是集義所生者, 非義襲而取之也. 行有不慊於心, 則餒矣."

〔孟子, 公孫丑 上〕

　공손추(公孫丑)가 맹자에게 물었다. "선생님은 어느 것에 보다 뛰어나십니까?" 맹자가 대답했다. "나는 남의 말을 잘 알며, 나는 내 호연지기를 잘 기른다." 공손추가 또 물었다. "무엇을 호연지기라 합니까?" 맹자가 대답했다. "말로 설명하기는 어렵다. 그 기운은 지극히 크고 지극히 굳센 것으로, 그것을 곧게 길러서 해치지 않는다면 하늘과 땅 사이에 가득차게 된다. 호연지기라는 것은 정의와 도리와 맞는 것이니, 만약 그렇지 못하다면 쇠퇴하고 만다. 이것은 정의가 쌓여 자연스럽게 생겨나는 것이지, 밖에서 저절로 정의가 들어와 취해지는 것이 아니다. 행동할 때 마음에 만족스럽지 못한 것이 있으면, 호연지기는 쇠퇴하고 마는 것이다."

• 용 례

나는 호연지기를 기르려고 가끔 산에 오른다.

胡蝶之夢(호접지몽)

·胡: 오랑캐 **호**   ·蝶: 나비 **접**   ·之: 갈 **지**   ·夢: 꿈 **몽**

•뜻풀이
장주가 나비가 되어 날아다니는 꿈을 꾸었다는 고사. 자연과 나의 구별을 잊어버리는 일, 자연과 내가 한 몸이 된 경지, 또 인생의 덧없음을 비유하는 말.

•유사어
夢爲胡蝶(몽위호접), 物我一體(물아일체), 莊周之夢(장주지몽)

•유 래
昔者莊周夢爲胡蝶, 栩栩然胡蝶也, 自喩適志與, 不知周也. 俄然覺, 則蘧蘧然周也. 不知周之夢爲胡蝶, 胡蝶之夢爲周與. 周與胡蝶, 則必有分矣, 此之謂物化.

[莊子, 齊物論篇]

옛날에 장주가 꿈에 나비가 되었는데, 훨훨 날아다니는 것이 영락없는 나비가 되어 기분 내키는 대로 날아다니면서도 자신이 장주인 줄을 알지 못했다. 그러다 문득 잠에서 깨어보니 변함없는 장주였다. 장주가 나비가 된 꿈을 꾼 것인지, 나비가 장주가 된 꿈을 꾼 것인지를 알지 못하겠다. 하지만 장주와 나비와는 반드시 현상에선 구별이 있을 것이니, 이를 사물의 변화라고 일컫는 것이다.

•심화이해
장자(莊子)가 '천지는 나와 함께 태어나고, 만물은 나와 더불어 일체이다(天地與我並生而萬物與我爲一)'라고 말한 바 있는데, 이것은 만물이 한 몸임을 주장하는 만물제동(萬物齊同)의 사상이다. 만물을 이와 같은 절대적인 경지에서 말한다면, 장자(莊子)와 나비, 현실과 꿈, 옳고 그름, 선과 악, 아름다움과 추함 등은 구별이 있을 수 없는 것인데, 이를 비유로 나타낸 것이 바로 호접지몽(胡蝶之夢)이다. 그러나 현실의 모습으로 말한다면, 장자와 나비 사이에는 확실히 구별이 있으니 현상계(現象界)에 있어서의 임시의 모습이라고 말하는 것이 인용문이다.

•용 례
자연 속을 거닐다 보면 호접지몽을 꿈꾸게 된다.

紅一點(홍일점)

·紅: 붉을 홍   ·一: 한 일   ·點: 점 점

- **뜻풀이**

  하나의 붉은 점이라는 뜻. 많은 남자들 속의 여자 한 사람을 가리킬 때나,
  여럿 가운데서 뛰어난 하나를 가리킬 때 쓰이는 말.

- **활용형**

  一點紅(일점홍)

- **상대어**

  靑一點(청일점)

- **유 래**

  萬綠叢中紅一點   動人春色不須多

  〔唐宋八家文, 王安石, 詠石榴詩〕

  수많은 떨기 푸른 꽃 가운데 한 점 붉은 석류꽃,
  사람을 감동시키는 봄 빛깔은 많은 떨기 필요치 않네.

- **용 례**

  그 많은 사람들 가운데 그녀는 유일한 홍일점이었다.

畵龍點睛(화룡점정)

· 畵: 그림 화 · 龍: 용 룡 · 點: 점찍을 점 · 睛: 눈동자 정

• 뜻풀이

용을 그릴 때 눈동자에 점찍는다는 뜻. 사물의 가장 긴요한 곳이나, 가장 중요한 부분을 마쳐 일을 끝냄을 비유하는 말.

• 활용형

點睛(점정)

• 유사어

入眼(입안)

• 유 래

張僧繇於金陵安樂寺, 畵四龍於壁, 不點睛. 每曰: "點之卽飛去." 人以爲誕. 因點其一, 須臾雷電破壁, 一龍乘雲上天. 不點睛者見在.

[張彦遠, 歷代名畵記]

남북조시대 때 양(梁)나라 화가 장승요(張僧繇)가 어느날 금릉(金陵) 안락사(安樂寺)의 벽에 네 마리의 용을 그렸는데, 눈동자에 점찍지 않았다. 매번 말했다. "이 눈동자에 점찍으면 곧 날아 가버린다." 사람들이 그의 말을 거짓말로 여겼다. 때문에 그 한 마리의 눈동자에 점찍자, 갑자기 번개와 우레가 치고 벽이 갈라지더니, 한 마리의 용이 구름을 타고 하늘로 올라갔다. 눈동자에 점찍지 않은 것은 그대로 남아 있었다.

• 용 례

화가는 화룡점정의 순간에 지극히 엄숙해졌다.

和氏之璧(화씨지벽)

· 和: 화할 화   · 氏: 성 씨   · 之: 갈 지   · 璧: 둥근 옥

· **뜻풀이**

천하의 명옥을 일컬음. 숨겨져 있는 아주 중요한 보물을 가리키는 말로도 쓰인다.

· **활용형**

卞和之璧(변화지벽), 和璧(화벽)

· **유사어**

連城之璧(연성지벽), 完璧(완벽)

· **유 래**

楚人和氏得玉璞楚山中, 奉而獻之厲王. 厲王使玉人相之. 玉人曰: "石也." 王以和爲誑, 而刖其左足. 及厲王薨, 武王卽位. 和又奉其璞而獻之武王. 武王使玉人相之. 又曰: "石也." 王又以和爲誑, 而刖其右足. 武王薨, 文王卽位. 和乃抱其璞而哭於楚山之下, 三日三夜, 泣盡而繼之以血. 王聞之, 使人問其故, 曰: "天下之刖者多矣, 子奚哭之悲也?" 和曰: "吾非悲刖也, 悲夫寶玉而題之以石, 貞士而名之以誑, 此吾所以悲也." 王乃使玉人理其璞而得寶焉, 遂命曰: "和氏之璧."

〔韓非子, 和氏篇〕

전국 시대, 초(楚)나라 사람 변화씨(卞和氏)가 초산(楚山) 속에서 옥의 원석을 발견하자 곧바로 여왕(厲王)에게 받들어 바쳤다. 여왕이 옥인(玉人)⁴⁴)에게 감정시키니 옥인이 말했다. "보통 돌입니다." 화가 난 여왕은 변화씨가 거짓말한다 하여 그의 왼쪽 발을 자르게 했다. 여왕이 죽고 무왕(武王)이 즉위했다. 변화씨는 또 그 옥돌을 무왕에게 받들어 바쳤다. 무왕이 옥인에게 감정을 시켰다. 옥인이 또 말했다. "이것은 돌입니다." 무왕은 다시 변화씨가 거짓말한다 하여 그의 오른쪽 발마저 자르게 했다. 무

---

44) 옥인: 보석감정가

왕이 죽고 문왕(文王)이 즉위했다. 변화씨는 그 옥돌을 안고 초산 밑으로 들어가, 사흘 낮 사흘 밤을 울었다. 눈물이 마르고 이어서 피가 흘렀다. 문왕이 이 사실을 듣고, 사람을 보내어 그 까닭을 묻게 했다. "천하에 발이 잘린 사람은 많은데, 너는 어찌 그처럼 울며 슬퍼하는가?" 그러자 화씨가 이렇게 대답했다. "나는 발 잘린 것을 슬퍼하는 것이 아니고, 보옥인데도 돌이라고 불려지고 곧은 선비인데도 거짓말쟁이로 오인 받은 것이 슬픈 것입니다. 이것이 내가 슬퍼하는 까닭입니다." 이리하여 문왕은 옥인으로 하여금 옥돌을 다듬게 한 결과 보배를 얻을 수 있었는데, 이것을 '화씨의 구슬'이라고 이름을 붙였다.

• 용 례
밝은 달은 화씨지벽처럼 더없이 아름다웠다.
그는 감추어져 있던 화씨지벽이었다.

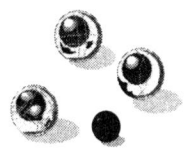

換骨奪胎(환골탈태)

· 換: 바꿀 환　· 骨: 뼈 골　· 奪: 빼앗을 탈　· 胎: 태 태

• 뜻풀이
뼈를 바꾸고 태를 벗긴다는 뜻. 얼굴이나 모습이 몰라볼 정도로 아름다워지거나, 시나 문장에서 옛 사람의 생각을 빌려와 완전히 새로움을 지니게 함을 비유하는 말.

• 활용형
奪胎(탈태), 換骨(환골)

• 유 래
山谷曰: 詩意無窮, 而人之才有限. 以有限之才, 追無窮之意, 雖淵明少陵, 不得工也. 然不易其意而造其語, 謂之換骨法, 規模其意而形容之, 謂之奪胎法.

[釋惠洪, 冷齋夜話]

황산곡(黃山谷: 黃庭堅의 호)이 말했다. "시의 뜻은 다함이 없으나 사람의 재능은 한계가 있다. 한계가 있는 재능으로 무궁한 뜻을 좇는 것은 도연명(陶淵明)과 소릉(少陵: 杜甫의 호)일지라도 전부 터득할 수는 없다. 그러나 그 시의 뜻을 바꾸지 않고 말을 만드는 것, 이것을 환골법(換骨法)이라 하며, 그 뜻을 모범으로 삼아 시구를 고쳐 표현하는 것, 이것을 탈태법(奪胎法)이라 한다."

• 용 례
구태를 벗어나기 위해서는 환골탈태해야 한다.
기업은 환골탈태의 자세로 다시 태어나야 한다.

嚆矢(효시)

· 嚆: 울릴 **효**   · 矢: 화살 **시**

· 뜻풀이

싸움의 시작을 알리고자 날아가는 화살이란 뜻. 모든 사물의 시초나 사건의
시작을 일컫는 말.

· 유사어

濫觴(남상), 鼻祖(비조), 源流(원류), 源泉(원천), 破天荒(파천황)
響箭(향전)

· 유 래

今世殊死者相枕也, 桁陽者相推也, 刑戮者相望也, 而儒墨乃始離跂攘
臂乎桎梏之間. 噫, 甚矣哉! 其無愧而不知恥也甚矣! 吾未知聖知之不爲
桁陽接槢也, 仁義之不爲桎梏鑿枘也, 焉知曾史之不爲桀跖嚆矢也! 故
曰: "絶聖棄知, 而天下大治."

[莊子, 在宥篇]

지금 세상은 처형당한 사람의 시체가 서로 베개를 하고, 차꼬를 한 사람
은 비좁아서 서로를 밀치고, 형벌을 받아 죽음을 당할 사람이 서로를 바
라보고 있다. 그런데도 저 유가(儒家)와 묵가(墨家)의 사람들은 이런 차꼬
를 한 사람들 사이를 오가면서 발가락이 빠지도록 팔을 걷어붙이고 있다.
아아, 너무나 심하구나! 남에 대한 부끄러움도 없고 스스로 부끄러워할 줄
도 모르는 것이 심하다. 나는 성인의 지혜가 차꼬와 쐐기가 되지 않을지,
또 인의가 차꼬와 쐐기가 되지 않을지 모르겠다. 그런데 증삼(曾參)이나
사유(史鰌)와 같은 이들도 걸왕(桀王)이나 도척(盜跖)과 같은 무리의 효시
가 되지 않는다고 어찌 알겠는가? 그러므로 말한다. "성인을 끊고 지혜를
버려야 비로소 천하가 크게 다스려진다."

· 용 례

소싸움의 효시는 진주 소싸움대회이다.

後生可畏(후생가외)

·後: 뒤 후 ·生: 날 생 ·可: 가할 가 ·畏: 두려워할 외

• 뜻풀이

뒤에 난 사람들, 즉 후생이 두렵다는 뜻. 후진들의 무한한 가능성과 뛰어난 실력으로 발전해 오는 것을 비유하는 말.

• 유 래

子曰: "後生可畏. 焉知來者之不如今也? 四十五十而無聞焉, 斯亦不足畏也已."

[論語, 子罕篇]

공자가 말했다. "후생들을 두려워할 것이다. 뒤에 오는 후배들이 지금의 사람만 못하다고 어찌 알겠는가? 나이가 사오십이 되어서도 그 명성이 들리지 않는다면, 이런 사람은 족히 두려워할 만한 자가 못된다."

• 속 담

나중에 난 풀이 우뚝하다.

• 용 례

퇴계는 율곡을 보고 후생가외라 했다.
요즘 젊은 세대를 보면 후생가외의 뜻을 알 수 있다.

【參考文獻】

☞ 원전의 번역본을 일일이 밝히지 않고 원전만 밝히기로 함.

『감계록(鑑戒錄)』
『고문관지(古文觀止)』
『고문진보(古文眞寶)』
『남사(南史)』
『냉재야화(冷齋夜話)』
『노자(老子)』
『논어(論語)』
『당서(唐書)』
『당송팔가문(唐宋八家文)』
『당시선(唐詩選)』
『대학(大學)』
『맹자(孟子)』
『몽계필담(夢溪筆談)』
『몽구(蒙求)』
『문선(文選)』
『번천시집(樊川詩集)』
『복혜전서(福惠全書)』
『북몽쇄언(北夢瑣言)
『사기(史記)』
『사문유취(事文類聚)』
『삼극편(三極篇)』
『삼국지(三國志)』
『선림유취(禪林類聚)』
『세설신어(世說新語)』
『소동파시집(蘇東坡詩集)』
『손자병법(孫子兵法)』
『수서(隋書)』
『순자(荀子)』
『시경(詩經)』
『십팔사략(十八史略)』
『안자춘추(晏子春秋)』
『여씨춘추(呂氏春秋)』
『열녀전(列女傳)』

『열자(列子)』
『예기(禮記)』
『오월춘추(吳越春秋)』
『위서(魏書)』
『이십오사(二十五史)』
『이태백집(李太白集)』
『임천선생문집(臨川先生文集)』
『장자(莊子)』
『전국책(戰國策)』
『전습록(傳習錄)』
『진서(晉書)』
『초사(楚辭)』
『춘추좌씨전(春秋左氏傳)』
『태평광기(太平廣記)』
『통속편(通俗篇)』
『한거만록(閑居漫錄)』
『한비자(韓非子)』
『한서(漢書)』
『한창려집(韓昌黎集)』
『회남자(淮南子)』
『후한서(後漢書)』

『고사성어』, 박일봉, 육문사, 1987.
『고사성어대사전』, 임종욱, 고려원, 1996.
『고사성어 150가지』, 참교육기획, 유원, 1999.
『고사성어 120』, 정석원, 청림출판, 1998.
『이야기고사성어』, 장순용, 고려원미디어, 1995.
『한국속담활용사전』, 김도환, 한울 아카데미, 1993.
『해설 고사성어 이해』, 편집부, 종로서적, 1992.
기타 다수의 서적.

• 김 신 중

　　1958년 전남 화순 출생

　　전남대학교 국어국문학과 및 동대학원 석 · 박사과정 졸업(문학박사)

　　현재 전남대학교 인문대학 국어국문학과 교수

• 신 해 진

　　1959년 경북 의성 출생

　　고려대학교 국어국문학과 및 동대학원 석 · 박사과정 졸업(문학박사)

　　현재 전남대학교 인문대학 국어국문학과 교수

• 김 대 현

　　1959년 전남 보성 출생

　　전남대학교 국어국문학과, 한국정신문화연구원 석사과정 및

　　성균관대학교 대학원 박사과정 졸업(문학박사)

　　현재 전남대학교 인문대학 국어국문학과 교수

원문과 함께 보는 故事의 世界

초판 1쇄 인쇄 • 2000년 1월 25일

초판 1쇄 발행 • 2000년 1월 31일

편저자 • 김신중 · 신해진 · 김대현

발행인 • 박찬익

발행처 • 도서출판 박이정

　　　　http://www.shinbiro.com/~books

130-070 서울시 동대문구 용두동 129-162

등록 • 제1-1182호 / 등록일 • 1991년 3월 12일

온라인 • 주택 576037-01-001536우편010-447-0053403

대표전화 • (02)922-1192~3. / 팩스 • (02)928-4683

교정책임 • 김상수

ISBN 89-7878-388-0　　　　　　　값 7,000원

☞ 잘못된 책은 구입하신 서점이나 본사에서 바꾸어 드립니다.